# Depression verstehen und begleiten

inkl. Gesprächsleitfäden für Krisensituationen

# INHALTS-VERZEICHNIS

Lisette Gunkel

# Depressionen verstehen und begleiten

33 sofort umsetzbare Hilfestrategien
Von der verständnisvoller Begleitung bis zu wirksamen Notlösungen - Angehörige im Umgang mit Depressionen unterstützen



1. Auflage

LMO PUBLISHING

# ANMERKUNGEN

Es ist ein guter Schritt, sich eigenständig über die Erkrankung eines lieben Angehörigen zu informieren. Wissen hilft, Verständnis zu entwickeln. Die Punkte, die Sie hier zusammengefasst vorfinden, können in Krisenmomenten schnell zur Hand genommen werden und erlauben zeitnahe Entscheidungen. Dennoch ersetzt das Buch keine professionelle Beratung. Nutzen Sie Angehörigen-Sprechstunden und stellen Sie Fragen an Ihren Angehörigen und seine Ärzte! Jede Depression verläuft individuell und jeder Mensch nimmt sich in dieser Phase etwas anders wahr.

Werden im Weiteren männlich anmutende Bezeichnungen genutzt, soll Sie das nicht irritieren: „Betroffener" und „Angehöriger" darf männlich, weiblich, divers gedacht werden.

Auch muss eine gelungene Lebensplanung keine Familie wie im Beispiel enthalten. Zusammenhalt wächst ebenso gut in Wohngemeinschaften oder unabhängigen Freundschaften. Leben Sie, was Sie für richtig halten.

Zudem werden nur Anregungen zu Hilfemaßnahmen und grundlegende theoretische Fakten genannt - keine Erfolgsrezepte. Es geht darum, ein Gefühl für den Umgang mit der Erkrankung zu bekommen. Wie Sie das neue Miteinander konkret gestalten, liegt ganz bei Ihnen. Orientieren Sie sich an den tatsächlichen Lebensumständen des Betroffenen und hören Sie auf Ihr Bauchgefühl. Es kann gut werden. Immer.

Hinweis / Disclaimer: Die folgenden Informationen dienen ausschließlich der allgemeinen Orientierung und ersetzen keine professionelle medizinische, psychologische oder rechtliche Beratung. Im akuten Notfall – insbesondere bei Anzeichen von Selbst- oder Fremdgefährdung – wenden Sie sich bitte umgehend an den Notruf (112) oder den ärztlichen Bereitschaftsdienst (116117).

# VORWORT

Ihr Freund oder Kollege starrt seit Wochen aschfahl vor sich hin. Was er tut, tut er langsam. An sich tut er allerdings eher nichts, denn eigentlich reicht die Energie maximal für schwarzmalerische Kommentare und Selbstvorwürfe. Deutliche Signale, ab zum Arzt, Depression abklären. Zack, Problem gelöst.

Oder lief es in Ihrem Fall anders? Keine klaren Signale? Im Gegenteil: Sie haben die Probleme Ihres Angehörigen nicht einmal erahnt? Ach doch, geahnt haben Sie schon was, auf Nachfrage war aber immer "Alles ok!". Was soll man machen, man will sich ja nicht aufdrängen. Oder sollte man doch?

Psychische Erkrankungen können das Kommunikationsverhalten eines Menschen verändern. Unverrückbar geglaubte Spielregeln verfallen. Verunsicherung ist in einer solchen Situation vollkommen normal. Verunsicherung und Angst. Angst um den Partner. Angst vor Zurückweisung.

## Ohnmächtige Stille

Und dann diese Stille. Hartnäckiges Schweigen, lethargisches Schulterzucken. Es hat ja doch keinen Sinn. Annäherungsversuche enden in Frustration. Schweigen aushalten, liegt den wenigsten von uns. Einfach nichts tun oder (noch schlimmer) andere einfach nichts tun lassen, passt nicht in unser Weltbild. Ein Erwachsener sollte sich sammeln können! Klar, dass nichts klappt, wenn man sich so gehen lässt! Langeweile kennt nur, wer langweilig ist. Jetzt aber hoch, es ist doch gemein, wenn die Kollegen alles allein machen müssen! Nach den Vorwürfen kommt das Bitten und Betteln, Schmeicheleien, Drohungen – egal, welche dieser Ideen Sie in Ihrer Verzweiflung anbringen, bei Ihrem Gegenüber regt sich nichts. Eine unsichtbare Wand steht zwischen Ihnen und Ihrem Angehörigen.

## Eine Diagnose allein ist keine Lösung

Eine sichere Diagnose allein bereinigt die Situation nicht. Im Gegenteil, es kommen weitere Probleme hinzu. Es ist ja die Erkrankung. Da kann man halt nicht mehr verlangen. Der Arme. Also lässt man das jetzt so? Abwarten und aushalten? Auch keine Lösung.

## Sie können viel bewirken

Wenn Sie diesen Ratgeber lesen, stehen Sie vermutlich vor einer kniffligen Aufgabe. Sie müssen das richtige Maß an Unterstützung für einen lieben Menschen finden. Sie suchen Wege durch die dunkle Wand hindurch. Die schlechte Nachricht vorweg: Eine pauschale Lösung werden Sie auch hier nicht finden. Aber dieses Buch kann Ihnen Anregungen an die Hand geben, die Ihnen diese Aufgabe erleichtern.

» Kommunikationsstrategien
» Wissen zum Verlauf der Erkrankung
» einfache Lösungsansätze für typische Probleme
» Orientierungshilfen bezüglich persönlicher Grenzen

## Jeder Handgriff zählt

Sie erhalten einen Ansatz, aus dem heraus Sie in Ihrem persönlichen Rahmen Unterstützung leisten können. Unterstützung, nicht Abhilfe. Auf der Beziehungsebene lässt sich aus reinem Anstand heraus wenig erzwingen. Je nachdem, wie nah Sie dem Betroffenen stehen, erweitert sich Ihr möglicher Einflussbereich. Geht es um die Krankheitsbewältigung, sind Sie jedoch selbst bei Partnern und nahen Verwandten lediglich als Stütze gefragt. Die innere Heilung liegt in den Händen der Experten. Wie viel Sie dazu beitragen können und wollen, bemisst sich an Ihren emotionalen und zeitlichen Ressourcen.

Als Kollege könnten Sie schlicht präsent bleiben, aber auch die Aufgabe übernehmen, den Kontakt zur Arbeitsstelle aufrechtzuerhalten. Freunde sind eine große Hilfe, wenn sie hin und wieder vorbeischauen – sie könnten aber auch die Kinder mitbetreuen oder Arzttermine begleiten. All diese Tätigkeiten sind wertvoll. Auch Familienmitglieder können nur geben, was Ihre Ressourcen zulassen. In allen weiteren Punkten dürfen Sie Hilfe von außen hinzuziehen! Bilden Sie Helferteams und suchen Sie sich professionelle Unterstützung!

## Nicht jede Beziehung erlaubt die Helferrolle

Ebenso gut kann es sein, dass Sie sich zunächst zurücknehmen wollen. Dies ist vor allem dann gerechtfertigt, wenn Sie selbst unter der Situation leiden, weil der Erkrankte (unbewusst oder sogar beabsichtigt) einen Nutzen aus seiner Situation zieht oder Sie als Helfer benachteiligt. Depression ist kein Freibrief für aggressives Verhalten oder zwischenmenschliche Entgleisungen. Informationen zur Erkrankung und zu einem bewussten Umgang mit deren Symptomen helfen Ihnen, die Situation einzuordnen und sich angemessen zu verhalten. Entscheiden Sie sich für die Unterstützung Ihres Angehörigen, machen Sie dem Betroffenen bereits ein großes Geschenk: Sie leihen Ihm Ihre Zuversicht!

# VERSTÄNDNIS ENTWICKELN

Bevor Sie in die Auseinandersetzung mit einem depressiven Patienten gehen, versuchen Sie, die Welt aus seiner Perspektive zu betrachten. Was bedeutet es, depressiv zu sein? Natürlich nimmt jeder die Erkrankung anders wahr, dennoch findet sich meist ein gemeinsamer Nenner: Die Ohnmacht, der Situation aus eigener Kraft zu entfliehen.

## INAS GESCHICHTE TEIL 1

Seegras, Dünen, Meeresrauschen. Der Nordseestrand im November. Beinahe leer, nur zwei einsame Gestalten waten durch das Watt. Das Paar kommt nur langsam voran. Ihre schweren Schuhe versinken im nassen Sand. Im Sommer sind sie hier barfuß gelaufen. Die junge Frau bleibt stehen, der Wind bläst ihr die Kapuze in den Nacken. Sie lässt die Schultern hängen. Ihr Blick wandert über das tosende Meer, findet eine Möwe und folgt ihrem Flug bis hinauf in die endlos grauen Wolken. Grau in grau, als wäre die Wärme des Sommers nie wahr gewesen.

Ihr Begleiter hält unvermittelt inne, ergreift ihre Hand und zieht sie näher an sich heran. Sie lässt es zu, folgt ihm weiter den Strand entlang. "Sieh mal!", ruft er enthusiastisch. Sie zuckt sichtlich zusammen. "Erkennst du den Steg? Hier hatten wir das Boot angebunden. Und von dort ist Finn ins Wasser gesprungen. Ich hör ihn jetzt noch quietschen..." Ihre Mundwinkel heben sich kaum merklich. Sie mag das warme Leuchten im Gesicht ihres Mannes, wenn er von ihrem Sommer spricht; den Wochen mit den Kindern am Meer. Die Erinnerungen an diese Zeit erscheinen ihr unwirklich. Damals kannte ihre Welt noch Farben. Damals hat sie für Finn, Elli und das neue Baby ein leuchtend gelbes Windrad in den Sand gesteckt. Ein Windrad mit reflektierenden Flügeln. Die Sonne stand hoch am strahlend blauen Sommerhimmel und über den Boden tanzten bunte Lichtreflexe. Diese Welt scheint heute so weit weg.

Ina ist nach wie vor stolz auf ihre Kinder. Sie sind so perfekt, aber auch anstrengend. Das Ferienhaus war viel zu eng für fünf Personen. Eigentlich hat immer irgendwer geschrien. Die Großen wollten keine Sonnencreme. Der Kleine war wund wegen des Sandes in der Windel und Finn ist bei jeder Wespe in Panik geraten.

Ina zieht die Stirn in Falten und senkt den Blick. Sie versucht dem peitschenden Regen zu entgehen. Der fischig-modrige Geruch des Brachwassers nimmt ihr für einen Moment den Atem. Sie spürt die Schwere zurückkehren. Wozu das alles, wenn letztlich doch nie irgendwer zufrieden ist?

** Ina wird Ihnen im weiteren Verlauf öfter begegnen. Sie und ihre Familie sind rein fiktiv. Jedes ihrer Erlebnisse könnte sich aber genauso abgespielt haben. Sie ist quasi ein Echo etlicher Betroffener, erfahrbar gemacht in wenigen Worten. Sie zeigt, wie "normal" die Probleme der Erkrankten sind und warum doch alles so viel komplizierter ist.*

# WAS IST EINE KRISE

Jeder Lebenslauf kennt Wendepunkte. Manche erwarten wir, andere treffen uns aus heiterem Himmel. Hochzeit, Umzug, Trennung, Schulabschluss – diese Dinge erleben wir zwar irgendwann zum ersten Mal, trotzdem haben wir eine Idee, was auf uns zukommen wird. Wir haben vergleichbare Situationen beobachten können oder bereits selbst erlebt. Aus diesen Erfahrungen leiten wir Bewältigungsstrategien ab. Das Prinzip funktioniert auch dann noch, wenn die Hochzeit einem

Magen-Darm-Virus zum Opfer fällt oder die Abschlussprüfung wiederholt werden muss. Man ärgert sich, man steht ein paar Tage neben sich, dann aber werden Lösungen gesucht und Plan B tritt in Kraft.

## Wie wir Herausforderungen begegnen

Schwieriger sind spontane Veränderungen. Jobverlust, Todesfälle, Umweltkatastrophen. Dennoch können selbst in diesen Momenten zahlreiche Menschen relativ unbeschadet ihren Kurs korrigieren. Die übrigen erleben den Moment als Krise.

> *Geraten wir in bedrohliche Lebenssituationen, für die wir spontan keine Bewältigungsstrategie besitzen, sprechen wir von Krisen.*

Ab wann eine Planabweichung als Krise empfunden wird, hängt von dem Druck ab, den wir durch sie empfinden. Der eine hält unstrukturierte Übergangsphasen besser aus, der andere schlechter. Wie viel Stress die individuelle Situation für den einzelnen bedeutet, hängt von dessen Erfahrungen und Einstellungen ab. Dabei hilft es selbstverständlich, sich auf helfende Hände verlassen zu können. Zudem wächst der Mensch mit seinen Aufgaben. "Das schaff ich jetzt auch noch!" Dabei darf auch ein absoluter Optimist vorübergehend aus dem Gleichgewicht geraten. Er wird ebenso Momente völliger Ratlosigkeit erleben wie jemand, der beim ersten Gegenwind sofort in Panik gerät. Beide werden Angst und Anspannung spüren und phasenweise ihren kompletten Lebensentwurf in Frage stellen. Das ist normal und völlig unumgänglich, schon allein deshalb, weil unser Denken unter Druck immer etwas hängt.

## Warum wir stecken bleiben

Der eine lässt sich früher auf Veränderungen ein, der andere später. Und dann geht es weiter. Meistens. Was aber, wenn wir den Weg aus der Krise nicht finden? Wenn sich das eigene Hirn weigert, ein Plan-B-Szenario zu akzeptieren? Wenn alles immer schlimmer wird?

Genau dies sind die Momente, in denen sich erste Neigungen zur Depression zeigen können.

Dabei bedeutet "Krise" wohlgemerkt nicht "totale Katastrophe" - Krieg, Obdachlosigkeit oder Gewalt. Je nach Einstellung und Erfahrungswerten können bereits deutlich überschaubare Ereignisse in ein Krisenerleben führen. Konflikte, menschliche Fehler, unrealistische Erwartungen. Eine Krise ist schlicht eine länger anhaltende Überforderungssituation. Wer etwa nicht gelernt hat, sich selbst Fehler einzugestehen, fällt entsprechend von einer Krise in die nächste.

*Trägt eine Krise zum Erlernen zielführender Bewältigungsmechanismen bei, sprechen wir von persönlichem Wachstum.*

Die Entwicklung einer Depression beruht auf einer Kombination unterschiedlicher Komponenten, aber: Für ihre Herausbildung sind neben genetischer Veranlagung und biologischen Komponenten persönliche Erfahrungen und akute Ereignisse durchaus entscheidend.

## Krise in Dauerschleife

In der Praxis erlebt sich der depressive Patient tagtäglich in einer unausweichlichen Krise. Und das oft – und hier liegt die eigentliche Katastrophe – wider besseren Wissens. Das Hirn schaltet in den Krisenmodus und sperrt sich für komplexe Bewältigungsprozesse und neue Inhalte. Werte und Selbstbild geraten durcheinander, der Körper zeigt Anspannungsreaktionen, wobei oft nicht einmal dem Betroffenen selbst klar ist, was diese extreme Reaktion auslösen konnte. Mit dem Rücken an die Wand gedrängt sieht er alle anderen in dieser vermeintlich bedrohlichen Welt weiterleben, "als ob nichts wäre". Wer würde in einem solchen Moment nicht an seinen Kompetenzen zweifeln?

## Was können wir aus diesen Zusammenhängen ableiten?

» Krisen bezeichnen das umfassende Gefühl der Hilflosigkeit, welches entsteht, wenn wir uns bestimmten Lebensumständen nicht gewachsen fühlen.

» Das eingeengte Krisendenken kann unsere Handlungsfähigkeit vorübergehend auf allen Ebenen lahmlegen.
» In der Krise hinterfragen wir uns selbst, unsere bisherigen Werte und Ziele und vor allem auch den Sinn hinter dem großen Ganzen.
» Lebenskrisen gehören zum Alltag dazu. Sich weiterentwickeln bedeutet, Krisen zu überwinden.
» Eine Krise muss nicht zwangsläufig in eine Depression münden.
» Aber: Individuelle innerseelische Konflikte werden von Außenstehenden mitunter nicht als Krise gewertet. Automatische Unterstützungsangebote bleiben dann aus.
» Wer Situationen nicht bewältigen kann, die für sein Umfeld unkompliziert erscheinen, wird Scham und Minderwertigkeit empfinden.
» Gefühlt steckt der Depressive in einem immerwährenden Krisenerleben fest.
» Die Problematik kann durch das Erlernen von Bewältigungsmechanismen abgefangen werden.
» Ein guter Umgang mit Krisensituationen verhindert nicht das Auftreten der Erkrankung, kann aber die Ausprägung der Symptome lindern.
» Der Erkrankte muss das Vorliegen der Erkrankung anerkennen, um sich dem Zustand aktiv widersetzen zu können. Dazu ist in der Regel Unterstützung notwendig, da die Erkrankung selbst den Verständnisprozess blockiert.

Depression ist eine Erkrankung, die die Betroffenen unverhofft in ein Krisenerleben stürzt. Diese Reaktion lässt sich nicht immer gänzlich ausschalten. Dennoch können Betroffene lernen,

» Warnzeichen rechtzeitig zu erkennen,
» Hilfesysteme zu aktivieren,
» sich selbst zu helfen,
» stabilisierende Faktoren in ihren Alltag zu integrieren.

# WAS IST RESILIENZ?

Menschen, die im Erleben von Krisen gute Widerstandskräfte beweisen, nennen wir resilient.

Von Resilienz hören wir in den letzten Jahren immer öfter. Coaches und Influencer wollen uns DIE Tipps für eine starke innere Abwehr verkaufen. Man müsse nur regelmäßig dieses und jenes tun und schon ist der Alltag ein Klacks. "Wollen" sei das Zauberwort. Wollen, Routinen, Selbstoptimierung.

In Wahrheit kennen wir lediglich einige Grundlagen, die es dem Menschen erleichtern können, innere Stärke zu entwickeln. Eine Stärke, die ihm als Puffer gegen Angriffe von Außen dienen kann. Ein Puffer ist keine steife Rüstung. Es kann nicht darum gehen, Erfahrungen und damit einhergehende Emotionen abzublocken. Ziel ist es, den äußeren Anforderungen den Schwung zu nehmen, sodass eine angemessene Reaktion möglich wird.

## MÖGLICHE RESILIENZFAKTOREN

Für den Einzelnen sind es äußerst individuelle Gewohnheiten, die ihm in stürmischen Zeiten Halt geben. Dazu gehören:

- » eine ausgeglichene Lebensführung,
- » angenehme Sozialkontakte,
- » abwechslungsreiche Erfahrungen
- » und innere Überzeugungen.
- » Außerdem persönliche Ziele
- » und eine Antwort auf das "Warum".

### Alternative Wahrheiten annehmen

Die größte Schwierigkeit: In der Antwort auf die Frage nach dem "Warum" dürfen mehrere Wahrheiten nebeneinander existieren. Warum stehen Sie morgens auf? Wofür lohnt es sich zu leben? Es ist eine Idee, stolz auf eine dem Unternehmen dienliche Verwaltungstätigkeit zu sein. Irgendwer muss die Dinge ja am Laufen halten. Deswegen lebt derjenige nicht falsch, für den der Sinn des Lebens grundsätzlich in immer neuen Erfahrungen besteht. Beide können mit ihrer Einstellung sehr glücklich werden. Beide haben einen Anker, an dem sie in schlechten Zeiten festhalten. Beide können aber auch nur bestehen, wenn sie sich, dort wo sich ihre Wege kreuzen, aneinander anpassen. Gut zu wirtschaften schadet auch dem Abenteurer nicht. Der wiederum kann Modernisierungen anregen, deren Vorteile dem reinen Bürokraten entgangen wären.

*Resilienz ist grundsätzlich nicht mehr als das Gleichgewicht zwischen* innerer Stabilität und der Offenheit für Veränderung. Was kann ich akzeptieren und *wo mache ich mich für meine Überzeugungen stark?*

## Kursänderungen akzeptieren

Damit sind wir argumentativ wieder ganz am Anfang: Wenn etwas anders ist, als wir es erwarten, reagieren wir mit Verunsicherung. Egal, ob es um neue Busfahrpläne oder fremde Lebensentwürfe geht. Dabei sehen wir Veränderung, die von uns selbst ausgeht, sofort deutlich entspannter als solche, die uns von außen auferlegt wird. Scheinbare Alternativlosigkeit macht uns hilflos. Hilflosigkeit ist ein scheußliches Gefühl. Die da oben, das Schicksal, die eigene Herkunft .... Es scheint tausend Dinge zu geben, die unsere Handlungsfähigkeit einschränken. Die weiteren zweitausend Möglichkeiten zu sehen, über die ich mein Schicksal selbst in die Hand nehmen kann, fällt eher schwer.

## Selbst aktiv werden

Gelingt es mir dennoch, Veränderung zu bewirken, darf ich mich als selbstwirksam wahrnehmen. Eine Erfahrung, die in Krisensituationen unverzichtbar ist. Erst durch dieses erlebte Wissen wird dem Einzelnen klar: Ich muss nicht darauf warten, dass mich jemand rettet. Ich bin genauso viel Wert wie alle anderen auch. Meine Handlungen können den Lauf der Dinge verändern.

Zu dieser Annahme gehört eine zweite Überzeugung: Zuversicht. Die Dinge sind nicht in Stein gemeißelt. Nicht nur ich kann anders handeln, als von mir erwartet, andere können es auch.

Wieder geht es um ein Gleichgewicht: Verantwortung abgeben können und selbst aktiv werden, schließt sich nicht aus.

## Unvorhergesehenes zulassen

Zuversicht wiederum paart sich mit Geduld. Veränderungen ergeben sich nicht über Nacht, aber jede Durststrecke hat ein Ende. Wobei dieses Ende in seiner Form komplett unerwartet ausfallen kann. Hier kommt wieder Offenheit ins Spiel. Der Verlust eines Armes etwa ist selbstverständlich ein einschneidendes Erlebnis. Der Betroffene wird nicht umhinkommen, sein Leben neu zu ordnen. Das kann hart sein. Möglicherweise hätte er aber ohne die unliebsame Reha seinen Lebenspartner nie kennengelernt.

Jeder tut sich in diesen Dingen an einer anderen Stelle schwer. Das ist soweit kein Problem, denn natürlich ist Veränderung mühsam und unangenehm. Warum sollten wir uns weiterbewegen, wenn uns die Situation, so wie sie ist, angenehm erscheint? Die unangenehmen Gefühle gehören dazu, sie erlauben uns, eine bessere Zukunft zu schaffen.

> *Resilient ist nicht, wer Spaß an Problemen hat. Resilient ist, wer das Problem sachlich benennt, die Ausdauer hat, es von allen Seiten zu betrachten und bewusst eine Lösung in Angriff nimmt.*

## Die Rolle positiver Erfahrungen

All diese Schritte basieren auf Lernerfahrungen, die nicht jeder Mensch von Haus aus mitbringt. Verständigungsprobleme zwischen Betroffenen und ihren Angehörigen entstehen oft am selben Punkt wie die Aufrechterhaltung der Erkrankung selbst.

Es fehlt eine grundlegende, für den Außenstehenden als selbstverständlich angenommene Erfahrung.

Das Vertrauen auf andere Menschen, das Recht auf Unterstützung, der Mut, Fehler zu machen – diese Dinge lernt niemand über Bücher und gute Ratschläge. Derartige Überzeugungen werden über Erlebnisse gefestigt. Hier kommt die Unterstützung des Helferteams ins Spiel: Gute Erfahrungen lassen sich nachholen.

## INAS GESCHICHTE TEIL 2

Das Paar hat den Steg weit hinter sich gelassen. Ina friert. Sie will zurück in ihren Sessel. Nicht denken, nicht laufen, nicht sprechen. Ihr Blick gleitet über das Gesicht ihres Mannes. Erik strahlt sie an. Sie wendet sich ab. Sie fühlt sich schuldig. Schon wieder ist er wegen ihr beurlaubt. Seit Wochen managed er Job und Familie quasi allein. Nicht mal den Haushalt bekommt sie gebacken. Ein Fehler, den auch ihr Aussehen nicht mehr ausgleicht. Ina denkt an die Narben auf ihrer Haut. Drei Geburten haben Spuren hinterlassen. Ihr ewig müdes Gesicht und die stumpfe Frisur...

Warum hat er sie nicht längst verlassen? Ohne sie wäre er frei. Die Kinder hätten sicher auch mehr von einer richtigen Mutter. Nicht so ein Trauerkloß, der bald auch noch ohne Job dastehen wird. Sie sieht das verkniffene Gesicht ihrer Chefin vor sich. Noch eine Krankschreibung und sie kann den Job vergessen. Was... Ina zieht überrascht den Kopf ein. Etwas Weißes schießt mit Tempo knapp an ihrer Stirn vorbei. Wasser spritzt auf. Das Paar kommt ruckartig zum Stehen. Der Möwe ist das egal. Gierig stößt ihr Schnabel ins Flachwasser. Einmal, zweimal. Siegreich erhebt sich der Vogel gegen den Wind. Aus seinem Schnabel hängt der Arm eines fleischigen Seesterns. Stumm sehen Ina und Erik das Tier zwischen den Wolken verschwinden.

Jetzt erst fühlt Ina die Kälte in den Zehenspitzen. Sie steht mit beiden Beinen in einer tiefen Pfütze. "Komm raus, du versinkst ja." Es braucht einen Moment, bis sie der Aufforderung ihres Mannes folgt. Sie versteht seine Worte nicht sofort. Hört ihn, entnimmt der Anweisung jedoch keinen Sinn. Mit Mühe stellt sich ihr Blick scharf. Schlamm verschlingt ihre blauen Stiefel. Das Meer braust flach darüber hinweg. Alles versinkt im Schlamm. Muscheln, Steine, Stiefel, die ganze Welt. Nur die Seesterne treiben immer wieder zurück ins Meer ."Ina...", Eriks Stimme von weit her. Aber Zuhören ist anstrengend.

Ina bleibt stehen. Wo kommen nur die Seesterne her? Wie Blätter treiben sie über den Meeresboden, werden wild vor und zurück geworfen. Immer wieder rollt es sie zurück in die Fluten. Nicht wenige von ihnen können sich in ruhige Zonen retten. Ihre kleinen Tentakeln kämpfen unermüdlich um Halt. Andere spült die Gischt weit auf den Strand hinaus. Dem Tod geweiht, denkt Ina betrübt.

Ein Ruck. Ina schreckt aus der Beobachtung hoch, spürt sich an den Schultern gegriffen. Wieder die Stimme ihres Mannes. Diesmal lauter. Ina hebt endlich die Füße. Der rechte Schuh bleibt stecken, sie stolpert ins Wasser. Nässe und Kälte kriechen ihr bis in die Kniekehlen. Der Nebel hinter ihrer Stirn verdichtet sich. Ihre Augen füllen sich mit Tränen . Nichts kann einfach mal funktionieren!

# WANN WIRD AUS KRISE DEPRESSION?

Depressive Patienten kämpfen mit Veränderungen im Hirnstoffwechsel. Die Erkrankung greift genau dort, wo wir uns rational mit unserem Erleben auseinandersetzen können. Dort, wo Erlebnisse ausgewertet und angemessene Handlungen vorbereitet werden. Dort, wo wir uns selbst gedanklich mit der Umwelt in einen Kontext setzen, uns Meinungen bilden, Gefahren einschätzen und fühlen. Genau dort steht man nun auf dem Schlauch, ohne es auch nur zu ahnen.

## DAS HIRN VERSINKT IN DUNKELHEIT

Genau genommen steht der Betroffene mit einem Großteil seines Gewichtes auf dem zuführenden Schlauch für aktivierende Energien. Der innere Sprenkler, der seine Reserven aus dem vergangenen Erleben zieht, funktioniert nur noch unzureichend. Das modrige Wasser der dunklen Erfahrungen fließt noch relativ unbeeinträchtigt, die fröhliche Quelle vergangener Erfolge und Freuden zieht jedoch gewaltig Nebenluft.

Röchelnd drängen sich ein paar motivierende Gedanken in den Wahrnehmungspool. Ohne die aktivierende Energie aus dem Hauptzufluss fließen sie jedoch so zäh, dass es dem moorigen Schlamm aus dem Trübwassertank ein Leichtes ist, sie auf homöopathische Größenordnungen zu verdünnen. Gefühlt versinkt das Hirn im Schlick.

Durch diesen Moder müssen nun alle Eindrücke des Alltags, bevor sie für den Betroffenen zu einer bewussten Wahrnehmung werden können. Das Nervensystem zieht bei mangelnder Versorgung die Schutzschilde enger. Die üblichen Fluten fehlen und so gelangen äußere Eindrücke nur noch teilweise oder schmutzig verfärbt zum Ziel. Innere Handlungsimpulse nehmen die gleiche Route. Auch sie finden kein Durchkommen.

Für den Betroffenen ergibt sich aus diesem Desaster ein Gefühl der Schwere. Es ist schwer, Entscheidungen zu treffen. Es ist schwer, Bewegung zu initialisieren. Wissensinhalte erscheinen verschüttet und überhaupt ist alles so anstrengend. Alles, was einst wichtig war, verschwindet im schlammigen Durcheinander.

## Nichts macht mehr Sinn

Das "Warum" geht verloren. Leben wird sinnlos. Stattdessen zwingt einen der braune Schlamm zu kurzsichtigen Schlüssen. Ich habe die Tasse fallen lassen, ich kann gar nichts. Meine Haare liegen ungünstig, ich bin hässlich. Ich habe keine Idee zu dieser Präsentation, da muss ich heute auch eigentlich gar nicht aufstehen. Und morgen auch nicht. Und übermorgen. Damit verliere ich meinen Job. Ich werde verhungern.

Unwesentliche Einzelaspekte werden groß und komplex. Gewohnheiten und Aktivitäten verlieren zunehmend ihren Reiz. Es bleibt immer mehr Zeit zum Grübeln. Ich hätte alles anders machen müssen. Warum passieren immer mir schlimme Dinge? Was genau habe ich falsch gemacht? Ich habe keine Chance.

Die Betroffenen glauben ihrer inneren Argumentation. Die selbst erdachte Schieflage ist für sie real und unausweichlich. Ohne motivierende innere Bilder sterben Hoffnung und Zuversicht. Es entsteht keine Erwartung, der Leere und Verzweiflung jemals entrinnen zu können.

## Mittendrin und doch allein

Depressive Patienten beschreiben diesen Zustand als ein schmerzhaftes "Abgekoppelt sein". Die Betroffenen sind dann nicht in der Lage, zu anderen durchzudringen. Gleichzeitig besteht ein enormes Bedürfnis nach Nähe. Wobei man wissen muss, dass ein Gefühl von Nähe eine rein hormonelle Antwort des Körpers auf Außenreize ist. Ist der Körper zur Ausschüttung der entsprechenden Botenstoffe nicht in der Lage, kann das Bedürfnis nicht befriedigt werden. Um im Bild zu bleiben, verschlammt die Gefühlswelt mit jedem Kontaktversuch etwas mehr.

**Seelischer Schmerz.** Schmerz entsteht bekanntermaßen im Gehirn. Wir alle kennen dieses Beispiel vom tollpatschigen Kleinkind. Der

Dreijährige stürzt, fällt und schlägt sich das Knie auf. Einige Minuten geschieht nichts. Der Kleine schaut seinen Erzieher fragend an, sieht dessen Sorge und erst dann bricht der erste Schrei aus ihm heraus. Sein Hirn hat auf Alarm geschaltet. Die nächste Schürfwunde wird er aus sich selbst heraus als alarmierend werten. Dann tut es auf Anhieb weh. Wenn alles gut läuft, weiß der Zwerg dann aber auch, wie ihm geholfen werden kann.

**Körperlicher Schmerz** und seelischer Schmerz entstehen in denselben Hirnarealen. Die Botschaft ist grundsätzlich ähnlich: Es droht Gefahr! Dem seelischen Schmerz fehlt jedoch die Eindeutigkeit des aufgeschlagenen Knies. Natürlich schmerzt eine Trennung - aber liegt die Bedrohung im Gefühl der Ablehnung oder eher in der drohenden Einsamkeit? Der Schmerz kann sofort derart überwältigend sein, dass keine Antwort auf diese Frage möglich ist. Die Wahrnehmung blockiert das Denken. Eine Lösung für das Problem erscheint unmöglich. Der Zustand selbst wird zu einer unausweichlichen Belastung. Die allgemeine Alarmbereitschaft zeigt sich zudem in körperlicher Anspannung. Die überanstrengte Muskulatur trägt zusätzlich zum Schmerzgeschehen bei und das Hirn lässt immer noch nicht locker. Es bleibt im Katastrophenmodus, bis Entwarnung kommt - im Fall der Depression, bleibt diese aber aus.

## Selbstvorwürfe und Scham

Ist den Betroffenen bewusst, wie weit ihre Empfindungen von den Geschehnissen um sie herum abweichen, können Gefühle von Schuld und Scham aufkommen. Gerade Menschen mit einem starken Verantwortungsgefühl beginnen dann oft, ihr dysfunktionales Empfinden zu verschleiern. Krankenpfleger versorgen scheinbar fröhlich ihre Patienten. Erfolgreiche Firmenbesitzer halten souverän die Stellung und Mütter betreuen zuverlässig ihre Kinder. Der Kraftakt hinter diesem Schauspiel ist enorm. Früher oder später zeigen sich körperliche Folgen: aufgrund der Überlastung, weil der Energiebedarf nicht ausgeglichen wird und die eigenen Bedürfnisse zumeist brachliegen – aber auch, weil die Prozesse der Depression immer stärker auf hormonelle und damit den ganzen Körper betreffende Systeme zugreifen. Häufig werden Mediziner überhaupt erst über die sekundären körperlichen Beschwerden auf die Depression ihrer Patienten aufmerksam.

# NOTSITUATIONEN ERKENNEN

## Warum tut denn keiner was?

Eine Depression bricht nicht selten nach einer ganz alltäglichen Veränderung über den Betroffenen herein. Ein neues Familienmitglied stellt die Welt auf den Kopf. Ina wusste das sicher. Genau wie Erik hat sie vermutlich auf die Zeit gesetzt. Nach dem ersten Jahr läuft alles wie gehabt. Eine normale Übergangssituation eben. Diese Ähnlichkeit mit einem gewöhnlichen Krisenerleben erschwert es, die Entstehung einer Depression rechtzeitig zu erkennen. Ist das eigene Denken krankhaft verzerrt, fühlen sich Wahrnehmungen und Ängste für die Betroffenen verhältnismäßig und folgerichtig an.

## INAS GESCHICHTE TEIL 3

Erik hilft seiner Frau, das Wasser aus dem schlammigen Stiefel zu schütten. Sie wirkt so zierlich. Er bekommt sie unter der dicken Daunenjacke kaum zu fassen. Ob sie noch weiter abgenommen hat? Besorgt mustert er ihr Gesicht, sieht ihren Blick abschweifen. Die starre Maske der letzten Wochen ist einer tiefen Sorgenfalte gewichen. Er hatte ehrlich geglaubt, sie sei über den Berg. Zum Frühstück hatte sie sogar mit dem Sechsjährigen Pfannkuchen gebacken. Sie haben gescherzt und Gesichter in den Teig gezeichnet. Es war beinahe wie früher. Vor dem Tag, als er von dieser Geschäftsreise zurückkam.

Ungläubig hatte er seinen Fünfährigen Sohn mitten am Nachmittag im Pyjama aus dem Hundekorb gepflückt. "Psst...", hatte Finn ängstlich geflüstert. "Psst... ich passe auf Elli, Timmi und Strubel auf, damit Mami sich ausruhen kann." Ina lag zusammengerollt auf dem Sofa. Das Baby neben ihr steckte in einer sauberen Windel, die vorherige hatte es allerdings nicht bis in den Müll geschafft. Stattdessen müffelte sie neben fünf anderen auf dem Boden vor sich hin – umgeben von leeren Müslipackungen und Keksresten. Durch die angelehnte

Küchentür sah Erik seine Tochter am Tisch malen.

Vier Tage war er außer Haus gewesen. Vier Tage, von denen Ina später behaupten würde, sie hätten ihr den Rest gegeben. Die drastische Formulierung hatte ihn geschockt. "Den Rest gegeben" Vorher hatte sie sich nie beschwert. Klar, sie sah immer etwas müde aus, seit der Geburt. Das erste Jahr mit drei Kindern war anstrengend gewesen.

Wobei bis zum Sommer eigentlich alles gut lief. Ina schien Kind und Kegel locker zu bewältigen. Bereits nach sechs Monaten ließ sie sich kleine Aufgaben aus der Agentur für zu Hause geben. Nach acht Monaten nahm sie den Kleinen mit ins Büro. Die Großen waren stolze Kindergartenkinder. Ina war eine von diesen Frauen, die solche Dinge einfach durchzog. In Anbetracht ihrer ehrgeizigen Haltung hielt er es für ganz natürlich, wenn sie abends mal gereizt wirkte. Klar waren dann kaum noch Freunde bei ihnen gewesen. Es ist schließlich vollkommen legitim, wenn junge Eltern in ihrer Freizeit einfach mal entspannen wollen.

Dann kam der Streit, die abwertenden Bemerkungen. Erik trat zu Hause von einem Fettnäpfchen ins nächste. Die Schuld suchte er bei sich und zog sich zurück. Er wollte Ina nicht zusätzlich belasten. Der Zusammenbruch kam für ihn dennoch überraschend.

Existiert ein auslösendes Ereignis, werden Angehörige zögern, bevor sie ein pathologisches Geschehen vermuten. Trennungen, Erkrankungen, Todesfälle, Jobverlust – all das sind gute Gründe, ein paar Tage neben sich zu stehen. Aber ist es tatsächlich normal, wenn jemand nach dem Jobverlust in die totale Selbstaufgabe verfällt? Sollte nicht irgendwann der Moment kommen, ab dem man nach der Trennung ein paar Erinnerungsstücke entsorgt und sein Leben neu organisiert? Verdrängung ist ja auch nicht der richtige Weg. Negative Emotionen müssen ihren Raum bekommen. Aber...

Oft stehen Angehörige mit diesem "Aber" daneben und fragen sich, wo denn die Grenze zu ziehen ist. Noch schwieriger wird es, wenn sich ein Freund komplett zurückzieht, jeden Helfer aussperrt und keine Nachrichten beantwortet. Sorgen wechseln mit Selbstzweifeln.

Gängige Vorurteile gegenüber psychischen Erkrankungen erschweren die Situation zusätzlich. Kollegen könnten sich beleidigt fühlen, Freundschaften zerbrechen. Gerade Familienangehörige zögern oft viel zu lang, bevor sie Veränderungen ansprechen. Manche nehmen sogar die Argumente des Betroffenen an, fühlen sich mitschuldig oder machen ihm andersherum sein Versagen zum Vorwurf. Sind gemeinsame Verantwortungen zu tragen, kochen die eigenen Emotionen rasch über. Wer plötzlich allein Job, Haushalt, Betreuung und Alltagsorganisation übernimmt, hat ein Recht, diesen Zustand anzuzweifeln. Vermutlich wird er selbst Erschöpfungssymptome erleben. Ein Teufelskreis aus Anschuldigungen, Wut und Müdigkeit erschwert den Blick aufeinander.

Besonders hart trifft es Angehörige, die durch plötzliche Zusammenbrüche, Selbstmordversuche oder das Aufdecken einer kompensierenden Sucht mit dem Zustand des Partners konfrontiert werden. Mitunter wurde die Depression bereits über Jahre hinter einer aufgeräumten, eventuell besonders fürsorglichen Fassade versteckt. Es können Schuldgefühle und Aggressionen aufkommen, die ein geordnetes Vorgehen zusätzlich erschweren.

## #1 TIPP: DEPRESSION ERKENNEN

Eine Depression kann sich sehr unterschiedlich darstellen. Verzichten Sie auf Selbstvorwürfe. Vielleicht hätten Sie Veränderungen bei Ihrem Angehörigen bemerken müssen, vielleicht handelt es sich bei Ihrem Freund oder Partner aber auch um eine hochfunktionale Persönlichkeit. Wichtig ist, dass Sie jetzt genauer hinschauen. Überstandene Depressionen können noch Jahre später zurückkehren. Kennen Sie die Warnzeichen, können Sie den Betroffenen rechtzeitig darauf hinweisen und sind vor allem auch selbst emotional gewappnet.

Natürlich können depressive Symptome gelegentlich jeden treffen. Halten sie jedoch länger als zwei Wochen an, sind kritische Nachfragen berechtigt.

**Was Sie gezielt beobachten können:**

- Verhalten wirkt unschlüssig, Bewegungen mitunter verlangsamt
- Mimik wird steif
- abwesender Gesichtsausdruck
- Sprache kann monoton und im Fluss gehemmt ausfallen
- Tonfall oft leise

**Verhaltensänderungen, die längere Zeit anhalten:**

- Langschläfer stehen bereits vor dem Weckerklingeln auf
- Nachteulen schlafen regelmäßig am frühen Abend erschöpft ein
- der Nachtschlaf wird durch Grübeleien unterbrochen
- schon das Aufstehen ist kaum zu bewältigen
- die gewohnten Alltagsaufgaben erzeugen Ängste und Sorgen
- es kommt keine Freude auf
- der Betroffene wirkt oft unbeteiligt
- Ziele werde vernachlässigt, alles wird als sinnlos eingestuft
- Mutlosigkeit, kleine Fehler erzeugen maximale Verzweiflung
- Existenzängste treten unvermittelt auf
- Angst vor bisher unproblematischen Situationen
- das Gefühl, nicht geliebt zu werden, wird thematisiert

**Alarmstufe Rot:**

- anhaltende Selbstzweifel werden geäußert
- Rückzug über längeren Zeitraum
- Selbstaufgabe, keinerlei Aktionismus (auch bei bedrohlichen Folgen)
- Suizidgedanken werden geäußert

Achten Sie neben diesen offensichtlichen Anzeichen auch auf weniger offensichtliche Signale. Atypische und leichte bis mittelschwere Depressionen können von den Betroffenen über lange Zeiträume überspielt werden.

**Was man sieht, wenn es keiner sehen soll:**

- Freudlosigkeit, gespielte Freude
- auffällig kritische Haltung, Zweifel stehen im Vordergrund
- müde und abgeschlagen an gewöhnlichen Tagen
- unbegründeter Alltagsstress
- emotional instabil, einige schnell wütend, andere bereits bei

kleinsten Planabweichungen irritiert

» gewachsene Neigung zu Schuldgefühlen und Sorgen
» Klammern an Routinen, eingefahrene Bewältigungsmechanismen, Perfektionismus
» kann nicht entspannen
» sichtbar mangelnder Appetit
» mitunter werden chronische Schmerzen statt der psychischen Probleme thematisiert
» ähnlich können Verdauungsprobleme und sonstige gesundheitliche Beschwerden auftreten oder zunehmen
» Entscheidungen fallen unglaublich schwer
» unbegründete Ängste werden vielleicht nicht ausgesprochen, werden aber in Handlungen sichtbar:

- Geiz
- Sicherheitsbedürfnisse
- Eifersucht
- Vorwürfe

Die deutsche Depressionshilfe informiert unter:

www.deutsche-depressionshilfe.de ausführlich zu möglichen Frühwarnzeichen.

Damit ist die Liste möglicher Beobachtungen nicht vollständig. Sie sollten jedoch ein Bild bekommen haben, worauf es im Ernstfall ankommt. Wesentlich sind Abweichungen vom gewohnten Verhalten. Der gut gelaunte Pessimist kann sich unter Umständen in seiner Rolle gefallen. Auch deshalb sind Beobachtungen von Angehörigen für die Einschätzung einzelner Fälle äußerst wertvoll.

# IHRE ROLLE ALS HELFER

## Ihr Weg als Helfer

Helfen bedeutet in diesem Zusammenhang nicht, den Betroffenen auf einen anderen Weg zu zerren. Ein Einbeiniger wird nicht tanzen, nur weil Sie ihm das Foto einer Prothese zeigen. Als Helfer können Sie lediglich Anreize und Informationen streuen, ob und wie der Patient diese Hilfen nutzt, entscheidet er selbst.

# INAS GESCHICHTE TEIL 4

Ina möchte nicht, dass Erik die Tränen in ihren Augen sieht. Sie will sich so nicht. Sie gibt sich einen Ruck und umarmt ihren starken Mann; spürt die Wärme seiner Hände in ihrem Nacken und lässt sich sogar auf einen Kuss ein. Es fühlt sich gut an. Sie drängt ihn, noch etwas mit ihr zu laufen. Er folgt ihr erleichtert in Richtung Steilküste. Der Sturm nimmt zu, das Wasser neben ihnen zieht sich deutlich zurück. Eiskalte Regenspitzen peitschen auf Gesicht und Hände ein. Ein gutes Gefühl. Lebendig. Ina ist wieder ganz da und zieht ihren Mann mit sich zu einem kleinen Salzwassertümpel. Sie erkennen das Becken aus ihrem letzten Urlaub wieder. Geschützt durch einen Überhang zeigt sich dieser Mikrokosmos kaum gestört von Sturm und Regen.

Einsiedler ziehen deutlich sichtbar ihre Schalen hinter sich her. Sie verschwinden zwischen Algen und bunten Steinen, kriechen achtlos über Seesterne hinweg. Ab und an gebremst durch einen herein strömender Wellengus. Für einen Moment versinkt die kleine Welt der Krebse im Chaos nur, um sogleich wieder in neue Form zu finden. Aus den Felsspalten heraus werden die beiden Menschen misstrauisch von kleinen roten Krabben beäugt. Ina könnte diesem Treiben stundenlang zusehen, doch sie wird unterbrochen. Für sie unvermittelt springt Erik auf. Ina schaut sich erschrocken um. Da entdeckt sie das Smartphone in seiner Hand. Nach einem kurzen Blick auf den Bildschirm entfernt er sich hastig in Richtung der schützenden Felswand. Ina bleibt zurück, sieht ihren Mann im dichter werdenden Regen verschwinden. Fühlt sich allein. Zurückgelassen, unwichtig. Sein Zögern nimmt sie nicht wahr. Seine Sorge bleibt ihr verborgen. Die Wand zwischen ihnen ist sofort zurück.

Ein großes Problem im depressiven Denken besteht in der schmalspurigen Situationswahrnehmung. Auf dem Hinweisschild steht "Worst Case", der Weg wird unausweichlich ins Verderben führen. Abzweigungen rechts und links werden ignoriert. Es ist sehr menschlich, die eigene Aufmerksamkeit vorrangig auf die Informationen zu richten, die den bereits gefassten Überzeugungen entsprechen. Besagt die Überzeugung aber, das Leben sei nicht lebenswert, wird dieser Mechanismus gefährlich.

*Die Betroffenen profitieren von Hinweisen auf ihre Ursprungspersönlichkeit, von Handlungsoptionen, die ihnen erlauben, mit den Dingen in Kontakt zu treten, die ihnen einst reizvoll erschienen.*

Bis Hobbys und Gewohnheiten wieder aufgenommen werden können, kann eine Menge Zeit vergehen. Das Wiederentdecken und Neuerschließen von Zielen verlangt Geduld von Helfern und Betroffenen. Geduld, Zuversicht, Hoffnung und den Glauben an sich selbst. An all diesen Dingen kann es Ihrem Angehörigen mangeln. Bis diese Fähigkeiten zurückkommen, sind Ihre Zuversicht und Präsenz die besten Stützen. Sie können dem Betroffenen zu einem schützenden Rahmen verhelfen, aus dem heraus er sich in kleinen Schritten zurück in die Welt tasten kann.

## Wie kann Hilfe zur Selbsthilfe aussehen?

» Erinnerung aufrecht erhalten (Vorlieben, Erfolge, Erlebnisse, Kontaktpersonen...)
» Stütze im Alltag
» Schirm nach außen
» positive Verstärkung

- Erfolgserlebnisse verschaffen
- Sicherheit, auch vor sich selbst
- Routinen
- stabile Beziehung
- Reflektion von Ereignissen
- Pläne unterstützen
- Verständnis für die Erkrankung gewinnen

Ihre wichtigste Aufgabe besteht darin, Kontakt zum Betroffenen zu halten. Es ist nicht leicht, sich über abwehrende Kommentare hinwegzusetzen. Noch schwieriger wird es, Rückzugstendenzen zwanglos entgegenzuwirken.

Solange Sie sich klar machen, dass das Verhalten des Betroffenen sich nicht auf Sie persönlich bezieht, haben Sie zumindest eine sichere Basis.

## Weniger ist mehr – Lassen Sie Rückzugsräume zu!

Von diesem neutralen Standpunkt aus können Sie behutsam Anreize schaffen, aber auch Rückzug zulassen. Bis zu einem gewissen Punkt sind Ruhe und innere Einkehr notwendig. Hier helfen Sie bereits, indem Sie im Freundes- und Bekanntenkreis für Verständnis sorgen.

Absprachen mit anderen Helfern können dafür sorgen, dass die gutgemeinte Hilfe den Erkrankten nicht überfordert. Geht Ihr Unterstützungsangebot über die alltägliche Versorgung hinaus, zwingen Sie sich nicht auf. Machen Sie immer wieder überschaubare Kommunikationsangebote, aber überlassen Sie es dem Erkrankten, sich darauf einzulassen oder auch nicht.

# #2 TIPP: ES GIBT EIN LEBEN NACH DER DEPRESSION

Zu den gängigen Symptomen der Depression gehört eine verzerrte Selbstwahrnehmung. Betroffene handeln und fühlen anders als gewohnt. Die Krankheit kann ihnen ihre eigentlichen Ziele weit entfernt erscheinen lassen. Die Gedanken laufen zäh. Die Anstrengung, einfach den Tag zu meistern, kann so viel Kraft kosten, dass für das Bedenken von Wert und Moral schlicht keine Energie bleibt. Diese Empfindungen und Wünsche sind nicht weg. Im Gegenteil, oft kreisen sie sogar aufdringlich im Kopf des Betroffenen und erzeugen zusätzliche Selbstvorwürfe.

Beobachten Sie sich einmal selbst, nach einem harten Arbeitstag oder sportlicher Überlastung. Der Körper stellt seine Bedürfnisse derart aufdringlich in den Vordergrund, dass Sie für den Moment fahrig und ungeduldig werden. Sie weisen jede Kommunikation ab, werden vielleicht sogar grob, bis Sie etwas pausieren und sich sammeln können. Sie sind in diesen Momenten nicht Sie selbst. Es entsteht ein Tunnelblick, ausgerichtet auf das Allernötigste. Endlich sitzen, etwas essen. Nach einer Auszeit sehen Sie wieder klar. Das Rauschen im Kopf lässt nach und Sie sind wieder aufnahmefähig. Jetzt erst lassen Sie sich die Hausaufgaben der Kinder zeigen oder begrüßen Ihren Partner.

Während einer depressiven Episode bleibt das Rauschen bestehen. Die Erkrankung hält diesen Zustand über Wochen und Monate aufrecht, lässt keinen Kontakt zu und drängt so die eigentliche Persönlichkeit in den Hintergrund. Besteht dieser Überlebensmodus über lange Zeit, wird er als gegeben akzeptiert. Der Depressive glaubt nicht länger an sich selbst. Er lebt seine Symptome.

## Depression ist keine Charaktereigenschaft

Für Betroffene und Angehörige gleichermaßen kann diese Erkenntnis sehr wertvoll sein. Es gibt ein Leben nach der Depression. Sie als Beobachter haben die Option, Abweisung bewusst als Ausdruck der Erkrankung zu interpretieren. Ihrem Angehörigen eröffnet sich die

Möglichkeit, vergangene Entscheidungen und Handlungen zu akzeptieren. Es war die Erkrankung, die sprach. Ich kann es immer noch besser machen. Es wird Distanz möglich. Der Optimist darf wieder Optimist sein. Der Macher wird wieder aktiv.

Die Depression ist kein Charakterzug. Sie überdeckt den eigentlichen Charakter und kann wieder ganz abgebaut werden. Der Betroffene muss das wissen. Diese Idee ist wie ein Licht, auf dem Weg zurück zu seinem wahren Selbst.

In Erfahrungsberichten beschreiben die Erkrankten sich als blind für diese Prozesse. Reflexion wird ihnen erst rückblickend möglich. Hier sind Sie als Angehörige gefragt. Sie können dezent zeigen, wo Sie Veränderungen wahrnehmen und wann Sie sich freuen, Spuren der Ursprungspersönlichkeit wiederzusehen.

## Was können wir aus diesen Zusammenhängen ableiten?

» Vorwürfe bringen Sie nicht weiter. Der Erkrankte leidet selbst unter seinem Verhalten.

» Verzichten Sie auf Appelle "an den gesunden Menschenverstand". Mit Phrasen wie: "Dir muss doch klar sein, dass..." erzeugen Sie Schuldgefühle, nicht Tatendrang.

» Der Mensch, den Sie kennen und lieben, ist noch da. Machen Sie sich bewusst, dass die Symptome nachlassen und kommunizieren Sie auch dem Erkrankten, dass diese Phase irgendwann vorübergehen wird.

» Vermutlich werden Ihre Bemühungen im Jetzt nicht gesehen. Sie dürfen jedoch annehmen, dass der Betroffene Ihnen bei Abklingen der Symptome mit Dankbarkeit begegnet.

» Der Betroffene wird vermutlich aus Ihrer Sicht überzogene Ängste und Befürchtungen äußern. Es hilft nicht, wenn Sie wertend oder beschwichtigend reagieren. Hören Sie sich diese gefühlt sehr realen Sorgen an und begegnen Sie dem Gesprächsangebot offen und wertschätzend. Weisen Sie höchstens auf offensichtliche Fakten hin oder erinnern Sie an ähnliche Ereignisse in der Vergangenheit, die gut bewältigt werden konnten.

# #3 TIPP: ZWANGSEINWEISUNG UND ARZTAUSKUNFT TROTZ SCHWEIGEPFLICHT

Hinweis / Disclaimer: Die folgenden Informationen dienen ausschließlich der allgemeinen Orientierung und ersetzen keine professionelle medizinische, psychologische oder rechtliche Beratung. Im akuten Notfall – insbesondere bei Anzeichen von Selbst- oder Fremdgefährdung – wenden Sie sich bitte umgehend an den Notruf (112) oder den ärztlichen Bereitschaftsdienst (116117).

Was aber tun, wenn der Betroffene in keiner Form gesprächsbereit ist und jede Hilfe ablehnt? In diesen Fällen entscheidet die Dringlichkeit über das Vorgehen. Eine Depression ist nicht automatisch ein schwerer klinischer Notfall. Für die Genesung spielen die Selbstwirksamkeit und die dadurch geförderte Selbstheilung eine entscheidende Rolle.

In Deutschland erhält jeder Patient zunächst die Chance, selbst über seine Behandlung zu entscheiden. Bei leichten Depressionen kann der selbstständige Gang zum Arzt bereits der erste Schritt zur Besserung sein. Hier wirkt das Gefühl, etwas verändern zu können. Die Erkenntnis, der Situation nicht hilflos ausgeliefert zu sein, bahnt eine bessere Bewältigungsstrategie für die Zukunft an. Dazu ist allerdings ein Mindestmaß an Entschlussfähigkeit notwendig. Ist für Sie nicht ersichtlich, ob einfache Hinweise noch Hilfe genug sind, steht Ihnen jederzeit der ärztliche Bereitschaftsdienst mit fachkundigem Rat zur Seite. (telefonisch unter 116117 – gilt für Deutschland)

## Beratung verstößt nicht gegen die ärztliche Schweigepflicht

Grundsätzlich haben Sie immer die Option, sich selbst einen Termin beim Hausarzt des Betroffenen geben zu lassen. Dieser kann sein Wissen über den Patienten mit Ihren Schilderungen abgleichen und Sie, ganz ohne die Schweigepflicht zu brechen, zum weiteren Vorgehen beraten.

In der Regel bleibt selbst im Zusammenhang mit Antriebsstörungen der Wille des Betroffenen bindend. Sie können niemanden zu seinem Glück zwingen. Rechtlich betrachtet dürfen selbst Ärzte erst einschreiten, wenn Eigen- oder Fremdgefährdung droht.

Spätestens im Zusammenhang mit akuten Selbstmordplänen ist der Griff zum Telefon dringend angezeigt. Erster Ansprechpartner ist die psychiatrische Institutsambulanz des örtlichen Krankenhauses bzw. der zugehörigen psychiatrischen Abteilung. Die Nummer des jeweiligen Notdienstes finden Sie generell online. Sie können außerdem direkt den Notarzt rufen und dieser kann im Weiteren über die Notwendigkeit einer Zwangseinweisung bestimmen.

*Näheres zum Thema finden Sie unter:*

*https://www.ecomed-medizin.de/psychische-ausnahmezustaende--notfallmedizinische-betreuung*
*https://www.neurologen-und-psychiater-im-netz.org/krise-notfall/akute-psychische-krise/*

## Selbstbestimmung bleibt wichtig

*Eine Zwangseinweisung ist nicht sofort eine Zwangsbehandlung. Es kann zunächst lediglich eine Vorstellung in der Klinik erzwungen werden. Hier werden Fachkräfte die Situation einschätzen.*

Gilt der Betroffene als ausreichend selbstbestimmt, darf er mit Hinweisen zur weiteren Behandlung wieder gehen. Versuchen Sie in so einem Fall unbedingt, Hinweise zum weiteren Behandlungsweg zu erfragen. Fragen Sie den Betroffenen, was der Arzt ihm geraten hat. Vielleicht ist direkt ein Folgetermin in der Institutsambulanz möglich. Notieren Sie sich alles, was Sie erfahren haben, damit Sie später darauf hinweisen können.

Der Patient wird zum Bleiben angehalten, wenn die Mediziner seine Urteilsfähigkeit anzweifeln. Dafür können folgende Umstände sprechen:

» ein Arzt hat eine sehr schwere Depression bestätigt
» Wahnvorstellungen
» Realitätsverlust wird deutlich
» manische Phasen sind bekannt

Für die erzwungene Unterbringung in einer Klinik ist ein richterlicher Beschluss und/oder die Bestätigung durch einen Bevollmächtigten notwendig. Gingen der aktuellen Phase bereits schwere depressive Episoden voraus, wurde eventuell bereits ein Betreuer oder Bevollmächtigter bestimmt, der nun im Sinne des Betroffenen entscheidet. Wenn nicht, kann unverzüglich ein Betreuer vom Betreuungsgericht genehmigt werden. Dies geschieht nachträglich auf Antrag. In einigen Bundesländern erleichtert das Psychisch-Kranken-Gesetz (PsychKG) diese Vorgänge.

Schwere Depressionen wirken sich auf alle Lebensbereiche aus. Es kann notwendig werden, dass Sie sich für unterschiedliche Verantwortungsbereiche wie Bankgeschäfte oder Rechtshandlungen Vollmachten ausstellen lassen oder zumindest wissen, wer bevollmächtigt werden kann. (Mehr dazu im entsprechenden Unterkapitel)

# HINTERGRUND-WISSEN

Depressionen können sehr unterschiedlich aussehen. Dennoch liegen den diversen Facetten der Erkrankung ähnliche Wirkmechanismen zugrunde. Informieren Sie sich dazu! Mit etwas Fachwissen lässt sich das Verhalten des Erkrankten sicherer einordnen. Ihre Energien können ganz in die Unterstützung fließen – ohne langes Rätselraten. Hilfe wird sich für Sie ganz allgemein als Hilfe zur Selbsthilfe definieren. Informationen zu typischen Behandlungsverfahren und dem Erscheinungsbild einzelner Symptome können deshalb nicht nur dem Patienten selbst von Nutzen sein.

An dieser Stelle sprechen wir einzelne Verfahren und Krankheitsverläufe nur grob an. Die folgende Übersicht ist deshalb als Recherchegrundlage zu betrachten. Sie müssen kein Experte für alle Arten von Depressionen werden, um helfen zu können. Nehmen Sie sich die Punkte heraus, die für Ihren Fall entscheidend sind.

## #4 TIPP: INFORMATION VERMITTELT SICHERHEIT

Psychische Erkrankungen werden leider gern als "Dachschaden" abgetan. "Du spinnst doch!" ist eine gängige Beleidigung. Gehen Sie deshalb behutsam mit dem Thema um. Sie können sich zum Beispiel Infoflyer heraussuchen. Fast alle Krankenkassen veröffentlichen Materialien zum Download, in denen das Thema greifbar zusammengefasst wird. Auch ein knapper Selbsttest kann helfen, das Thema gemeinsam anzugehen.

Mehr zur Studie der Deutschen Bahn Stiftung unter:

https://www.deutschebahnstiftung.de/dbs/arbeitsfelder/psychische-gesundheit/deutschland-barometer-depression-13086220

Helfen Sie dem Erkrankten, die Diagnose praktisch einzuordnen. Er soll nicht das Gefühl bekommen, unnormal oder eine seltene Ausnahme zu sein. Die Deutsche Bahn Stiftung beobachtet seit 2017 das Auftreten von depressiven Erkrankungen in der Bevölkerung. Demnach haben 45 % der Befragten regelmäßig direkt oder indirekt mit der Erkrankung zu tun. 24 % der Teilnehmer sind selbst betroffen. Die User beschäftigen sich durchaus mit der Thematik "geistige Gesundheit".

Die Erkrankung ist nicht mehr gänzlich unbekannt. Die Informationsdichte hat dank diverser online Publikationen deutlich zugenommen. 78 % der Befragten haben das Thema "Depression" bereits online recherchiert. 78 % ! Würden all diese Menschen offen über ihre Probleme reden, hätte die Thematik längst die Tabuzone verlassen. Diese Zahlen in Kombination mit sachlichen medizinischen Informationen können den Betroffenen helfen, ihr Leiden in einem neuen Licht zu betrachten.

Zudem sind die Symptome der Erkrankung gut behandelbar. Es stehen wirksame Medikamente zur Verfügung und so ziemlich alle Ärzte und Therapeuten verfügen mindestens über ein Grundlagenwissen, wenn nicht gar praktische Erfahrungen zum Umgang mit depressiven Patienten.

# DEPRESSION ALS AFFEKTIVE STÖRUNG

Von Affekten wird im Zusammenhang mit stark ausgeprägten Gemütslagen gesprochen. Aussagen wie: "Der Mörder handelte im Affekt..." suggerieren eine gewisse Unzurechnungsfähigkeit. Dabei können einzelne Menschen auf ein und dieselbe Situation emotional unterschiedlich reagieren. Einigen fällt es etwa bei einem Verkehrsunfall leicht, sich angemessen zu sammeln, andere müssen sich bewusst regulieren, bevor ihnen die Nummer der Notrufzentrale einfällt. Dafür wären sie aber vielleicht jederzeit für eine Podiumsdiskussion zu haben, während die kompetenten Helfer unter Umständen komplett handlungsunfähig sind, wenn sie unvermittelt eine Rede halten sollen. Gefühlsmäßige Ausnahmezustände sind normal und gehören zum Leben dazu. Wenn sie vorübergehen.

Eine affektive Störung liegt vor, wenn eine solche emotionale Übermacht über einen längeren Zeitraum anhält, also unangemessene Gefühle nicht auf ein angenehmes Maß reguliert werden können.

Da unsere Emotionen unser Denken maßgeblich beeinflussen, kann dieser Zustand schnell problematisch werden. Betroffene handeln und urteilen anders, als sie es vor der Erkrankung getan hätten. Werte und Ziele geraten in Vergessenheit, sodass sich auch Antrieb und Motivation verändert zeigen.

**Warnsignale für affektive Störungen:**

» Grundstimmung ist langanhaltend verändert (mind. über 2 Wochen)
» Stimmungsäußerungen passen nicht zu tatsächlichen Gegebenheiten
» der Betroffene leidet unter der Situation
» bzw. andere sehen, dass der Betroffene sich oder anderen durch das, aus der Stimmungslage hervorgehende Verhalten schadet
» die Symptomatik beeinflusst die Alltagsbewältigung negativ

Die Ausmaße affektiver Störungen bewegen sich auf einem Spektrum. Überzogen gute, regelrecht euphorische Zustände können als ähnlich unangenehm empfunden werden wie die dunklen Stunden einer Depression. Die klassische Depression lagert sich lediglich an einem der beiden Extrempunkte an. Wer am anderen Ende der Skala festhängt, gilt als manisch. Wird nur eines der Extreme erlebt, sprechen wir von einer unipolaren Störung. Zugleich ist aber auch ein Schwanken zwischen übersprudelnder Energie und absoluter Dunkelheit möglich (bipolare Störung), wobei die Phasen der Manie gegenüber den depressiven Episoden in der Regel kürzer ausfallen.

Die BARMER fasst die Thematik sehr gut zusammen:

https://www.barmer.de/gesundheit-verstehen/psyche/depression/depression-mit-psychotischen-symptomen-1286748

Die jeweiligen Symptome können in unterschiedlicher Ausprägung auftreten und von psychotischen Reaktionen begleitet sein. Nur in etwa der Hälfte der Fälle handelt es sich um einmalige Phasen. Eher ergeben sich im Laufe des Lebens mal mehr und mal weniger starke Episoden der Erkrankung.

# DIE UNIPOLARE DEPRESSION

Uns soll für den Moment hauptsächlich das depressive Erleben interessieren. Im Zusammenhang mit den erlebten Ängsten betrachtet, werden Depressionen eher als Neurosen gewertet. In einigen Fällen können sich psychotische Züge ausbilden. Der Kontakt zur Realität geht dann teilweise verloren. Ein extremes Erleben in Form von Zwang, Wahn oder Halluzinationen ist nicht die Regel, dennoch ist es sinnvoll, auch diese Symptomgruppen zu kennen. So sind Sie im Notfall vorbereitet.

## KERNSYMPTOME

Ausschlaggebend für die Diagnose einer depressiven Erkrankung ist das typische Zusammenspiel sogenannter Kernsymptome. Für eine Diagnose nach dem psychiatrischen Standardwerk ICD-11 müssen mindestens zwei der drei Hauptmerkmale über einen Zeitraum von mindestens 2 Wochen beobachtet worden sein.

» Gedrückte Stimmung, Niedergeschlagenheit
» Antriebsstörungen, gefühlte Kraftlosigkeit
» Interessenverlust, Freudlosigkeit

Betroffene wirken niedergeschlagen und ziehen sich vermehrt zurück. Den Angehörigen fällt eine verminderte Belastbarkeit auf, sei es in Form gereizter Argumentationen oder ganz praktisch durch verlangsamte oder unwillige Handlungen. Es fehlt einfach der Flow. Nichts macht richtig Spaß und irgendwie ist alles zu anstrengend. Die Angst vor den überwältigenden Tagesaufgaben zwingt den Depressiven bereits am Morgen in die Knie. Ähnlich dem Fallbeispiel "Ina" wird diese Angst so lähmend, dass schon Anziehen und Zähneputzen zu viel verlangt sein kann.

**Stupor.** Bei schweren Depressionen kann eine extreme Antriebshemmung eintreten, ein regelrechtes Erstarren. Die Betroffenen sind in diesen Momenten durchaus bewusst in der Situation, können jedoch kaum körperliche oder psychische Regungen zeigen. Adäquates Handeln ist dann nicht mehr möglich. Reaktionen erfolgen extrem zeitverzögert. Die Mimik friert ein. Die steife Körperhaltung verdeutlicht die innere Anspannung. Der Blick kann erstarren, die Pupillenreaktion ausbleiben. Typisch ist außerdem ein veränderter Atemrhythmus. Die Patienten können zu schnell, zu langsam oder unregelmäßig atmen.

**Wichtig: Es besteht erhöhte Suizidgefahr.** Der Zustand kann wenige Minuten, aber auch mehrere Wochen anhalten. In der Regel ist eine Klinikeinweisung erforderlich. Dort wird eine permanente Überwachung sichergestellt. Nur im Zusammenhang mit der Unterstützung durch Fachpersonal können Medikamente verabreicht und Folgeschäden verhindert werden.

## Der eigentliche Teufelskreis: Negatives Bewerten des negativen Denkens

Die allgemeine Symptomatik verstärkt sich durch negative Selbstbewertung, sobald sich die Patienten ihres abweichenden Verhaltens bewusst werden. Die eigene Stimmung wird aus einem stark selbstzentrierten Fokus heraus hinterfragt. Es beginnt ein zielloser Vergleich zwischen der gewünschten Stimmungslage und dem negativen Istzustand. Nicht etwa reflektierend und produktiv, eher einseitig und alarmiert. Die Aufmerksamkeit liegt auf den negativen Aspekten der jeweiligen Situation. Dabei können vergangene Ereignisse genauso gedanklich durchgespielt werden wie zukünftige. Es ist das typische "Hätte ich dies und jenes nicht getan, wäre alles anders gewesen", gepaart mit dem Vorwegnehmen zukünftiger Probleme. "Es wird bestimmt ganz schlimm werden, weil es zuletzt auch ganz schlimm war." Den Betroffenen können die eigenen Denkmuster durchaus bewusst werden. Statt einen Hilferuf zu triggern, beginnt sich die Problematik im Kreis zu drehen. Der depressive Patient neigt dazu, sich auf einer zweiten Ebene für seine Herangehensweise zu tadeln, hadert mit der eigenen Gefühlswelt. Die Anspannung nimmt immer weiter zu - auch körperlich. Es entwickeln sich sekundäre Symptome, die wiederum ausgeprägte Ängste und Selbstzweifel erzeugen.

## NEBENSYMPTOME

Einige Nebensymptome wurden bereits benannt. Neben der Selbstwertproblematik entwickeln sich zunehmend negative Gedankenspiralen. Mit der Zeit können sich Leistungsfähigkeit und Lustempfinden eingeschränkt zeigen. Die Patienten wirken initiativlos, in ungewohntem Ausmaß gleichgültig. Entscheidungen fallen ihnen schwer.

### Körperliche Reaktionen

Es mangelt hinten und vorne an Energie, woraus sich ein anhaltendes Müdigkeitsgefühl ergeben kann. Die Müdigkeit vergeht nicht durch ausreichend Schlaf. Im Gegenteil, die herbeigesehnte Ruhe verstärkt das Gefühl von Schwere. Neben der Erschöpfung kann sich eine quälende Unruhe ausbilden. Schlafstörungen zeigen, wie stark der gesamte Organismus unter der Erkrankung leidet. Nicht selten berichten Betroffene von einem starken Druckgefühl in der Brust. Die Patienten kommen mit Kopf und Rückenschmerzen, manchmal auch Atemnot zum Arzt. Einige berichten von Missempfindungen, für die keinerlei körperliche Ursache gefunden wird.

## #5 TIPP: PSYCHOSOMATIK UND DEPRESSIONEN

Nicht selten verdeutlichen sich seelische Konflikte über körperliche Beschwerden. In der Küchenpsychologie heißt es dann: "Das ist doch bestimmt psychosomatisch!". Tatsächlich gemeint sind meist somatoforme Störungen – akute oder chronische körperliche Beschwerden ohne objektive medizinische Ursache. Diese entstehen nicht unbedingt primär im Zusammenhang mit Depressionen, eher im Zusammenhang mit anderen Belastungen, etwa chronischen Schmerzen oder Angststörungen. Die Psychosomatik als Modell verweist allgemein auf das Zusammenspiel von sozialen, seelischen und körperlichen Faktoren bei der Entstehung von Krankheiten. Dieses Konzept wird im Rahmen der lavierten (maskierten) Depression deutlich, spielt also für die Erkrankung durchaus eine Rolle. Sehen Sie also ruhig genauer hin, wenn Ihnen die körperlichen Beschwerden eines stark belasteten Freundes verdächtig vorkommen.

*Interessant: Weil nicht ist, was nicht sein darf, übersehen viele Menschen psychische Beschwerden. Wird in einer Kultur psychische Erkrankung minderbewertet, treten vermehrt psychosomatische Symptome in Erscheinung. Das Wechselspiel zwischen Körper und Seele können wir auch im Rahmen körperlicher Erkrankungen beobachten, die bei längerem Bestehen seelische Auswirkungen zeigen.*

Depressionen können beide Wege gehen. Sie können das körperliche Befinden beeinträchtigen und z.B. zu Herzrhythmusstörungen oder chronischen Darmentzündungen führen. Sie können aber auch in Folge einer Dauerbelastung durch Krankheit und Behinderung eintreten. In solchen Fällen ist erhöhte Wachsamkeit gefragt. Die Depression wird bei schweren Erkrankungen als angemessene Niedergeschlagenheit gewertet. Diese Schlussfolgerung kann fatal sein. Depressive Erkrankungen verschlechtern die Heilungschancen anderer Erkrankungen. Es ist keinesfalls so, dass schwerkranke Patienten regulär depressiv reagieren! Die Behandlung der Depression kann in solchen Fällen ausschlaggebend für die Entwicklung der Ausgangserkrankung sein.

**Somatisches Syndrom.** Treten bei einer mittelschweren Depression bestimmte festgelegte körperliche Beschwerden auf, wird zusätzlich ein somatisches Syndrom diagnostiziert.

## Beeinträchtigung der Wahrnehmung

Auch Wahrnehmungsstörungen sind häufig zu beobachten. Die Patienten nehmen die Welt wie aus weiter Ferne wahr. Manche beschreiben ihre Umwelt als dumpf und grau. Andere sehen sich als abgeschnitten von einer weiterhin quicklebendigen Umgebung. Geschmack und Geruchssinn können getrübt sein. Viele verlieren den Appetit, manche essen immer mehr, ohne ein Sättigungsgefühl zu erleben. Das Empfinden für Zeit verzerrt sich. Der Tag will einfach nicht voranschreiten. Tage und Wochen ziehen sich wie Kaugummi in die Länge.

In schweren Fällen entwickeln sich aus selbstabwertenden Gedanken und Schuldgefühlen heraus klinisch relevante Wahngedanken, Zwangsimpulse oder Angstsymptome.

## Kognitive Defizite

Im Ergebnis verlangsamt sich das Denken. Probleme in den Bereichen Konzentration und Merkfähigkeit erschweren die Alltagsbewältigung. Das Leben wird zu viel. Eine endlose Schleife der Überforderung. Es entsteht der Wunsch, einfach aussteigen zu können. Betroffene erleben angesichts der abgeflachten Affektfähigkeit eine wachsende Verzweiflung. Das Problem in sich macht es ihnen unmöglich, sich ein Ende dieses unerträgliches Zustands vorzustellen. Spätestens, wenn selbst die Traurigkeit verschwindet und nur noch Leere bleibt, können Suizidgedanken aufkommen.

Fehlende Krankheitseinsicht. Mitunter sind die Betroffenen nicht in der Lage, ihre Erkrankung als solche zu akzeptieren. Werden aus einer solchen Situation heraus Entscheidungen getroffen, können sich drastische Folgen für das weitere Leben ergeben. Trennung, Kündigung, Umzug, Verschuldung oder Abtreibung sind nur Beispiele für dramatische Entwicklungen. Ein rigoroses Einschreiten ist hier dringend gefragt. Sie können dem Erkrankten helfen, indem Sie ein Aufschieben von Entscheidungen bewirken und sanft auf die Abweichungen von seinem gewohnten Verhalten hinweisen.

*Zur Veranschaulichung: Der Symptomschlüssel des ICD-10 erlaubt gut 1.500 Symptomkombinationen für die Beschreibung einer Depression.*

## EINTEILUNG NACH SCHWERE UND SYMPTOMGRUPPEN

Im medizinischen Kontext werden Depressionen entsprechend ihrer Schwere und der Länge einzelner Phasen klassifiziert. Zusätzlich wird von unterschiedlichen Subtypen gesprochen, die sich auf die Hauptschwerpunkte der Erkrankung beziehen. In der Praxis ist eine derart scharfe Trennung eher schwierig. Dennoch kann es Ihnen helfen, den passenden Fokus zu setzen, wenn Sie in der Lage sind, eine medizinische Diagnose korrekt zu interpretieren.

### Einteilung nach Schweregrad

Nach dem ICD-10* wird je nach Symptomkombination und Ausprägung zwischen leichter, mittelschwerer und schwerer Depression unterschieden.

Stufe 1: leichte Depression (mind. 2 Kernsymptome + mind. 1 Zusatzsymptom)
Stufe 2: mittelgradige Depression (mind. 2 Kernsymptome + mind. 3 Zusatzsymptome)
Stufe 3: schwere Depression (alle Kernsymptome + mind. 5 Zusatzsymptome)

Das amerikanische Klassifikationssystem DSM unterteilt hingegen lediglich in Major Depression (schwer) und Minor Depression (leicht).

*Im aktuellen Übersichtswerk ICD-11 wird die Anzahl der Symptome weniger stark gewichtet. Es geht mehr um die Schwere der Einschränkungen. Die Herangehensweise bleibt aber ähnlich. Hier sind auch ältere Darstellungsformen gewählt, weil diese in der Kommunikation mit Betroffenen und Angehörigen präsenter sind.)*

**Gehemmte Depression**
Der gehemmte Depressionstyp ist geprägt durch eine deutlich eingeschränkte Psychomotorik. Handlungen werden nur gegen einen starken inneren Widerstand ausgeführt. Der Antrieb ist eindeutig gestört. Kraftlosigkeit und erstarrende Mimik sind für den Laien deutlich sichtbar. Patienten reagieren mit starken Rückzugstendenzen.

**Ängstlich agitierte Depression**
Diese Patientengruppe macht ihr Problem am besten deutlich. Die Literatur spricht mitunter von "jammernder Depression". Innere Ängste und Befürchtungen werden in lautem Klagen geäußert. Der Patient ist unruhig, zeigt ein hektisch getriebenes Handeln. Der Beobachter bekommt den Eindruck eines panisch nach Hilfe suchenden Menschen, der jedoch zugleich kaum auf die Bemühungen seines Umfelds reagiert.

**Larvierte Depression**
Dieser Subtyp kann leicht übersehen werden. Es stehen körperliche Beschwerden im Vordergrund. Grundsätzlich kann jedes Organsystem betroffen sein – bis hin zur Hypochondrie. Stimmungsprobleme werden erst auf hartnäckige Nachfrage hin zugegeben. Mitunter sind sie dem Patienten auch kaum bewusst. Wir kennen ein vergleichbares Verhalten von Kindern, denen Sorgen "auf den Magen schlagen".

**Anankastische Depression**
Hier stehen Zwangsgedanken im Vordergrund. Die Betroffenen zeigen eine übermäßig gewissenhafte und geordnete Persönlichkeitsstruktur.

**Psychotische Depression**
Psychotische Depressionen gehen zumeist aus lang andauernden Belastungssituationen hervor. Die Betroffenen berichten von Situationen, denen sie ohnmächtig ausgeliefert zu sein schienen. Die Symptome einer schweren Depressionen werden hier durch psychotische Symptome ergänzt, dazu können Wahn- und Fehlwahrnehmungen gehören. Das rationale Denken kann bei dieser Patientengruppe zeitweise stark eingeschränkt sein. Da es an Krankheitseinsicht mangeln kann, ist der wachsame Blick der Angehörigen in diesen Fällen unerlässlich.

**Melancholische Depression**
Hier liegt der symptomatische Schwerpunkt auf der Störung der Stimmungswahrnehmung. Die Patienten geben an, keinerlei emotionale Regung zu spüren. Die Unfähigkeit, einfach einmal traurig sein zu können, wird als ebenso quälend erlebt wie der Verlust von Freude.

**Melancholie als Persönlichkeitszug.** Die Depression stellt sich als Abweichung von der eigentlichen Persönlichkeit dar. Für die Zielsetzung kann deshalb die Frage nach dem ursprünglichen Verhalten der Person interessant sein, denn natürlich kennen wir auch die Melancholie als Persönlichkeitszug. Nachdenkliche Menschen mit Affinität zu schwermütigen Themen. Diese Gefühlslage hat jedoch nicht nur negative Anteile. Sie ist eher romantisch geprägt und mit dem tieferen Sinn des Lebens verknüpft. Die empfundene Traurigkeit speist sich aus einer Sehnsucht nach dem Guten, einem Ideal von Harmonie. Der melancholische Mensch fühlt also intensiver, wohingegen bei der melancholischen Depression das Gefühl verloren geht.

## Chronische Depressionen

Zeigen sich die Symptome der Depression über 2 oder mehr Jahre hinweg prinzipiell therapieresistent, spricht man von chronischen Depressionen. Diese können unterschiedlich verlaufen.

**A Chronische Major Depression**
Verlauf über 2 oder mehr Jahre mit mittelschweren bis schweren Symptomen. Es kommt **nicht** zu symptomfreien Phasen.

**B Rezidivierende Major Depression**
Die Symptome bestehen hier nicht dauerhaft in der gleichen Schwere, bleiben aber nie ganz aus und werden immer wieder einen akuten Höhepunkt finden.

**C Dysthymie/ Dysthymia**
Hält eine leichte bis mittelschwere Depression hartnäckig über mindestens 2 Jahre an, wird eine Diagnose auf Dysthymia gestellt. Betroffene können zwar ihren Alltag irgendwie bewältigen, sind aber vorschnell erschöpft. Ein Gefühl der Unzulänglichkeit scheint all ihre Handlungen zu begleiten. Das Genussempfinden ist eingeschränkt. Trotz permanenter Müdigkeit ist der Schlaf gestört. Einzelne symptomfreie Wochen sind möglich. Die Erkrankung kehrt aber immer zurück. Bis zu einem Viertel der Betroffenen entwickelt eine Major Depression.

**D Double Depression**
Eine Dysthymie kann von einer Phase der Major Depression überlagert werden. Kommt es zu dieser Konstellation, spricht man von einer Doppeldepression. Die chronische Dysthymie bleibt im weiteren Verlauf bestehen. Die depressive Episode wird wieder abklingen.

**E Depressive Phasen bei Bipolarer Störung**
Von bipolaren oder manisch depressiven Erkrankungen betroffene Patienten schwanken zwischen euphorischen, mitunter halsbrecherisch übersprudelnden Phasen und depressiven Zeiten. Während sich das depressive Erleben über Wochen bis Monate hinziehen kann, sind manische Phasen eher von geringer Dauer. Zwischen einzelnen Episoden können die Patienten vollständig symptomfrei sein.

Mehr zu den Verlaufstendenzen unter (PDF-Dokument):

https://www.dgppn.de/_Resources/Persistent/d53e5967ade4134e444e71973752e10bcaebda79/S3-NVL_depression-2aufl-vers1-kurz.pdf

**F Zyklothymie**
Man könnte sagen, die Zyklothymie ist die leichte Form der bipolaren Störung. Leicht auffällige Niedergeschlagenheit wechselt regelmäßig mit Phasen mäßiger Hochstimmung. Wahrgenommen wird mitunter nur eine auffällige Stimmungslabilität.

**Atypische Depression**
Patienten mit der Diagnose atypische Depression bleiben weiterhin schwingungsfähig – sie empfinden also durchaus Freude und Interesse, weshalb sie in ihrem Leiden gehäuft übersehen werden. Auffällig sind in diesen Fällen eher Nebensymptome, wie Kränkbarkeit und Gewichtszunahme. Typisch sind unangenehme Empfindungen in den Extremitäten, etwa gefühlte Schwere oder Taubheit. Statt Durchschlafstörungen zeigt sich eher ein vermehrtes Schlafbedürfnis. Es wird oft von einer funktionellen Depression gesprochen, da die Betroffenen ihre Symptome überzeugend kaschieren und lange Zeit scheinbar unbeeinträchtigt weiter funktionieren.

## ENTSTEHUNG UND VERLAUF DER ERKRANKUNG

Die allgemein als Depression bekannte Major Depression beginnt zumeist akut. Die Symptomatik weist Schwankungen im Tagesverlauf auf. Typisch sind Durchschlafstörungen und ein für die Person ungewöhnliches Früherwachen. Der Tag beginnt durchwachsen, zum späten Nachmittag kann die Stimmung aufklaren – heiter bis wolkig, wenn man so will.

*International liegt das Risiko, an einer Depression zu erkranken, bei bis zu 20 Prozent. Ein Viertel der Erkrankungsfälle sind Teil einer bipolaren Störung. Alle weiteren Fälle nehmen einen unipolaren Verlauf.* [1]

### Verlauf – Wie kann sich die Erkrankung entwickeln?

Der Alltag gestaltet sich zunächst schlicht unbequem. Gewohnte Routinen werden ungewöhnlich hartnäckig hinterfragt. Die Betroffenen wirken abwesend, können vergesslich oder zerstreut erscheinen.

Nicht jede Depression verurteilt die Betroffenen zu lebenslangem Leid. Die Symptome klingen in der Regel auch unbehandelt irgendwann ab. Allerdings ist ohne ärztliche Intervention das Risiko für das Wiederauftreten der Erkrankung erheblich höher. Eine Behandlung ist deshalb immer angeraten, auch, um chronischen Verläufen vorzubeugen. Zur Verdeutlichung: Unbehandelte Patienten leiden im Schnitt zwischen 6 und 12 Monaten unter ihren Symptomen. [2] Medizinische Unterstützung kann diesen Leidensweg auf drei Monate verkürzen. Die Lebensqualität steigt durch professionelle Hilfe, unabhängig von der Rückfallquote. Entscheidend ist die Akzeptanz der Erkrankung.

*Dieser Zustand kann sich bereits nach wenigen Tagen bessern, hält mitunter aber durchaus über Monate und Jahre an. 30 Prozent der Fälle nehmen einen chronischen Verlauf.* [2]

Spontane Besserung ist mit Vorsicht zu genießen. Depressive Phasen können in relativ kurzer Zeit in manische Phasen umschlagen. Ist Ihr Angehöriger erstmals erkrankt, kann eine bipolare Störung nicht sicher ausgeschlossen werden.

Für die Dauer einer einzelnen Episode ist der Behandlungsbeginn entscheidend. Der Schaden, den die Ausfallzeiten in der Biografie des Betroffenen anrichten, lässt sich durch zielgerichtete Intervention deutlich minimieren. Es ist nicht vorhersehbar, wie lange die beschwerdefreien Zeiten zwischen den einzelnen Phasen ausfallen. Eine angemessene Rückfallprophylaxe kann jedoch viel bewirken und sogar zu dauerhafter Beschwerdefreiheit führen.

Ungesehen und unbehandelt kann die Krankheit einen drastischen Verlauf nehmen. 70 Prozent der Suizidfälle in Deutschland stehen im Verdacht, in einem Zusammenhang mit depressiven Erkrankungen zu stehen. [3]

Ausführliche Informationen zu den statistischen Zusammenhängen finden Sie unter:

https://www.therapie.de/psyche/info/index/diagnose/suizid/ursachen/

# INAS GESCHICHTE TEIL 5

Gebannt beobachtet Ina einen einzelnen Seestern außerhalb des Salzwasserpools. Seine Artgenossen klemmen sicher zwischen Steinen und Algen. Nur er liegt allein auf dem trockenen Sand. Keiner wird ihm helfen kommen. Seesterne kennen keine sozialen Ambitionen. Seine vermeintlichen Brüder und Schwestern haben ihn längst vergessen. Inas Blick schweift ab. Nun, da der Wind nachlässt, kann sie weit bis hin zu den Felsen sehen. Öd liegt die Steinlandschaft vor ihr. Das Wasser am Horizont steht still. Wo ist der Wind geblieben? Muschelspitzen, Pflanzenreste und verirrte kleine Fische scheinen gemeinsam die Luft anzuhalten. Wird das Wasser jemals zurückkehren?

Lang bewegt sich nichts, dann fallen die Möwen geiergleich über die hilflosen Meerestiere her. In der offenen Sandwüste sind sie den Launen der Vögel schutzlos ausgeliefert. Die bleichen Felsen umrahmen das Szenario wie die Zähne eines hungrigen Raubtiers. Ihre Ausläufer bilden düstere Klippen. Imposant, hoch und absolut tödlich. Inas Augen finden einen Pfad. Blass hebt er sich vom Grau der Felsen ab. Sehnsüchtig folgen ihr Gedanken den schnörkligen Windungen bis hinauf zur Spitze. Es wäre so einfach. Sie müsste nicht einmal ein schlechtes Gewissen haben. Jeder würde denken, der Wind habe sie hinabgestoßen.

Ina schüttelt energisch den Kopf. Nein. Sie hat Dr. Meier fest versprochen, heil von diesem Ausflug zurückzukehren. Sie haben einen Deal. Sie musste in der Praxis des Therapeuten sogar einen Vertrag unterschreiben. Fast feierlich legte sie sich darauf fest, sich während der Therapie weder etwas anzutun noch ihr Leben beenden zu wollen. Es ist ihr wichtig, Dr. Meier nicht zu enttäuschen. Er war ihr der Fels in der Brandung gewesen. Der Vergleich erscheint Ina amüsant. Sie lacht – und erschreckt über sich selbst. Wann hat sie zuletzt so frei gelacht? Laut und unübersehbar bricht in der Ferne die Brandung über die Felsen hinein.

## Warum entwickeln Menschen Depressionen?

Eine depressive Erkrankung kann nie auf eine alleinige Ursache zurückgeführt werden. In der Regel wirken neurobiologische Faktoren gemeinsam mit psychosozialen Umständen. Erklärungsansätze zur Entstehung der Erkrankung kombinieren deshalb Auslöser innerhalb der Lebenswirklichkeit des Patienten mit individuellen (neurobiologischen) Gegebenheiten.

Medizinisch werden bezogen auf die Entstehung der Erkrankung primär affektive Störungen von sekundären affektiven Störungen unterschieden. Sekundär bedeutet hier, als Folge anderer Erkrankungen (organisch bedingt, medikamenteninduziert, im Rahmen von Suchterkrankungen).

### Faktor 1: Veranlagung

Die erbliche Vorbelastung spielt für die Entwicklung einer Depression eine nicht zu unterschätzende Rolle. Traten bereits depressive Episoden im Kreis der Familie auf, ist erhöhte Wachsamkeit gefragt. Allerdings nimmt man keine direkte Vererbung der Erkrankung an, vielmehr wird eine Anfälligkeit für auslösende Faktoren vermutet. Diese Theorie stützt sich auf die Beobachtung innerfamiliärer Ausprägung von Depression. Innerhalb einer Familie kommen bestimmte Depressionsformen gehäuft vor. [4]

Sind Sie mit dem Betroffenen verwandt, müssen Sie nicht zwangsläufig selbst erkranken. Vermuten Sie dennoch, selbst an einer Depression zu leiden? Nehmen Sie diese Sorge ernst und trauen Sie sich, einen Arzt ins Vertrauen zu ziehen. Aktive Selbstfürsorge ist die beste Prophylaxe.

Die Wahrscheinlichkeit der Erkrankung in Erbfolge steigt mit der verwandtschaftlichen Nähe. Dennoch bilden resiliente Menschen seltener depressive Symptome aus als instabile Geschwister. Das soziale Gefüge, Sicherheiten und persönliche Erfahrungen haben einen starken Einfluss auf die Anfälligkeit für die Erkrankung. Die überwiegende Mehrheit der Nachfahren bleibt gesund.

## Faktor 2: Fehlende Bewältigungsmechanismen

Den Umgang mit herausfordernden Situationen erlernen wir bereits im Kindesalter. Frühkindliche Erfahrungen prägen das Vertrauen in uns selbst und unsere Mitmenschen. Wie wir in die Welt hineinwachsen, bestimmt unser Herangehen an neue oder fordernde Situationen. Gelöste Konflikte und überstandene Krisen erweitern unser Repertoire an Denkmustern und Handlungsstrategien.

Wenig Anregung bedeutet in diesem Sinne wenig Handlungserfahrung. Permanente Überforderung kann zu einem generalisierten Gefühl von Unfähigkeit führen. Lösungen ausprobieren, sicher Scheitern und Unterstützung finden sind wesentliche Lernschritte. Derartige Erfahrungen stellen grundsätzliche Lebensstrategien dar.

Nicht alle unserer frei erworbenen Strategien bleiben dauerhaft funktional. Logisch, im Laufe unseres Lebens erweitert sich unser Einflussbereich. Wir können mehr bewirken und dadurch unsere Handlungsstrategien verfeinern. Aber: Diese Entwicklungsprozesse sind an unsere Umwelt gebunden. Erfahrungen, die ich nicht mache, erzeugen kein Handlungswissen. Unangemessene Erfahrungen gelten für mich so lange als richtig und normal, bis ich einen Vergleich ziehen kann. So kommt es, dass unverarbeitete Traumata oder etwa ein überfürsorglicher Erziehungsstil die Vulnerabilität eines Menschen erhöhen. Die Betroffenen nehmen ihre Möglichkeiten schlicht nicht wahr.

**Erlernte Hilflosigkeit.** Sind Menschen oder Tiere sehr lang einer Situation ausgeliefert, die durch ihr eigenes Handeln nicht veränderlich ist, können sie die Überzeugung entwickeln, selbst nichts bewirken zu können. Sie fühlen sich den Umständen um sie herum hilflos ausgeliefert. Eröffnen sich Optionen oder Spielräume, werden sie diese nicht strategisch nutzen. Ihre Denkstrukturen sehen ein erfolgreiches eigenes Handeln nicht vor. Ein wenig, als wenn man in einem Haus mit verschlossenen Türen verbrennt, weil man nicht in Erwägung zieht, durch die offenen Fenster zu fliehen.

## Faktor 3: Reaktionen auf gesamtkörperliche Krisen

Depressionen sind durch funktionelle Messwerte belegbar. Sie können sich in veränderten Blutwerten, in hormonellen und neurobiologischen Veränderungen zeigen. Allerdings erlauben ungewöhnliche Werte in diesen Bereichen im Umkehrschluss keine eindeutige Diagnose. Denn: Wir wissen, dass sich bestimmte Biomarker im Verlauf der Erkrankung verschlechtern können. Dieselben Werte können schon vor Auftreten der Symptome Unregelmäßigkeiten aufweisen. Zahlreiche Erkrankungen wirken sich in diesem Sinne negativ auf unseren Körper aus und können eindeutig depressive Symptome nach sich ziehen. Müssen sie aber nicht. Warum etwa ein gestörter Neurotransmitterhaushalt den einen in tiefe Dunkelheit stürzt und den anderen nur leicht beeinflusst, ist bis heute nicht abschließend geklärt. Dennoch sind greifbare körperliche Prozesse immer Teil der Entstehungsgeschichte.

**Strukturelle Veränderungen.** Besonders beeindruckend sind die strukturellen Veränderungen im Gehirn. Beeindruckend deshalb, weil sie den Mythos von der ausgedachten Erkrankung widerlegen. Bei genauerem Hinsehen sind bei Menschen mit schweren Depressionen erweiterte Ventrikel und geringere Mengen an grauer Substanz erkennbar. Ein MRT kann eine geringere Hirnaktivität in Hirnarealen abbilden, denen Leistungen in den Bereichen soziale Interaktion, Persönlichkeitsausprägung und Gefühlsmodulation zugeschrieben werden. Derartige Veränderungen kennen wir als Teil unterschiedlichster Erkrankungen. (z.B. Parkinson, Demenz). Sie können aber auch losgelöst von weiteren Faktoren auftreten. In der Diskussion ist außerdem eine verminderte Neubildung von Neuronen im limbischen System als Ursache von Depressionen. Schuld könnte hier ein Überschuss an Ceramiden sein. Die vermehrte Ansammlung dieser Fette stört die Anpassungsfähigkeit des Gehirns. Dies entspricht dem Problem, sich nicht mit neuen oder fordernden Situationen auseinandersetzen zu können.

**Cortisol.** Wir wissen, dass negative Erfahrungen in der frühen Kindheit Auswirkung auf das Stresserleben des späteren Erwachsenen haben können. Patienten mit Depressionen zeigen eine Überreaktion auf Stresserleben – sichtbar wird dies durch einen erhöhten Cortisolspiegel.

Stress beschreibt zunächst einmal eine gesunde körperliche Reaktion auf fordernde Situationen. Der Körper stellt vermehrt Energie für Handlungsprozesse zur Verfügung und sorgt dafür, dass wir vorübergehend unsere alltäglichen Bedürfnisse zurückstellen können. Wer einem Tsunami entkommen möchte, profitiert davon, Prioritäten zu setzen. Alle Energien konzentrieren sich auf die Flucht. Vergiss den Topf auf dem Herd und lauf!

Ein Notfall ermöglicht uns Spitzenleistungen, einfach, weil das vom Körper bereitgestellte Cortisol Muskeln und Kreislauf ordentlich anheizt. Ein nützliches Reaktionsmuster - solange auf jeden Einsatz eine Ruhephase folgt. Der Körper benötigt Zeit, um nach Leistungsphasen wieder in den Normalzustand zu finden. Bekommt er diese nicht, wird das System anfällig. Die Cortisolkonzentration im Blut bleibt dauerhaft erhöht. Die Grundspannung steigt. Das Hirn bleibt immer etwas im Panikmodus verhaften. Krankhafter Stress kostet unglaublich viel Energie. Auf Dauer verändert sich das komplette Reaktionsmuster. Die Stressreaktion setzt bereits bei kleinsten Unregelmäßigkeiten ein. Entsprechend unrealistisch fällt die Bewertung alltäglicher Herausforderungen aus. Alles ist schlimmer, als es sein müsste. Die Cortisolwerte von depressiven Patienten sind eigentlich generell erhöht.

**Entzündungsprozesse.** Wissenschaftliche Studien konnten zeigen, dass sich während einer depressiven Erkrankung Entzündungsprozesse in der Großhirnrinde abspielen. Bei etwa einem Drittel der Betroffenen werden entsprechende Entzündungsmarker gefunden. (hauptsächlich Eiweiße, Leukozyten und bestimmte Botenstoffe) Zugleich ist bekannt, dass Menschen mit einem überaktiven Immunsystem gehäuft Depressionen entwickeln. Aber: Werden wir depressiv, weil wir uns schonen und zurückziehen oder regt der Körper durch den Weg in die depressive Verstimmung den Rückzug erst an? Ein Schutzsystem mit Zwang zur Pause wäre zumindest in einem gewissen Rahmen sinnvoll. Nach dieser Logik wäre eine Depression grundsätzlich ein Zuviel einer an sich normalen körperlichen Reaktion.

*Wer sich für die Zusammenhänge zwischen Depression und Entzündungsprozessen interessiert, findet hier weitere Hinweise:*

*https://depressionsliga.de/glossar/depression-und-entzuendungen/*

Aktuelle Theorien sehen in depressiven Erkrankungen eine Störung des Mikrobioms, also der Zusammensetzung der Darmflora. Speziell wird über einen Mangel an Bakterien gesprochen, die Butyrat produzieren. Eine kurzkettige Fettsäure, der entzündungshemmende Eigenschaften zugesprochen werden. Da auch die Produktion von Serotonin (umgangssprachliches Glückshormon) im Darm angesiedelt ist, erscheint ein Blick auf die Darm-Hirn-Achse nicht unangemessen.

**Hirnstoffwechsel.** Der Einsatz von Medikamenten, die sich auf den Hirnstoffwechsel auswirken, konnte zeigen, dass depressive Patienten ein Ungleichgewicht im Neurotransmitterhaushalt aufweisen. Neurotransmitter sind Stoffe, die für die Signalübertragung zwischen den Nervenzellen mitverantwortlich sind. Sie sollen unter anderem Gefühle regulieren. Serotonin etwa wird im Hirnstammbereich produziert. Lange Fasern übertragen den Botenstoff in verschiedene Funktionszentren. Dort übernimmt er eine regulierende Funktion. Unter anderem werden auf diese Art Schlaf, Sexualtrieb, Hunger und Stimmung angesteuert. Es ist nicht klar, ob diese Schwankungen der Depression vorausgehen oder Folge der Erkrankung sind. Dennoch haben sich Serotoninwiederaufnahmehemmer therapeutisch bewährt.

All unsere täglichen Verrichtungen sind von Steuerungsprozessen im Gehirn abhängig. Denken, wahrnehmen, werten, Handlungen planen usw. Für diese Leistungen müssen unsere Nervenzellen in einem äußerst komplexen System miteinander interagieren. Diese Interaktion findet an Schaltstellen (Synapsen) statt. Ob und wie Informationen ausgetauscht werden, hängt von den genannten Neurotransmittern ab. Dies sind Botenstoffe, die grundsätzlich ähnlich dem Schalterprinzip durch ihre Ansammlung ab einer bestimmten Menge einen Reiz auslösen. Die passenden Neurotransmitter in der angemessenen Menge aktivieren die Signalannahme der Zelle. Ähnlich einem Stromnetz, kann das Signal entlang der Nervenfasern wandern und so ein Zusammenspiel mehrerer Hirnareale bewirken.

Andere Quellen bringen einen gestörten Dopaminhaushalt, veränderte Acetylcholin-Mengen und Störungen im Bereich der Gamma-Aminobuttersäure ins Gespräch. Alle Theorien erscheinen sinnvoll, kaum eine muss zwingend auf Ihren Angehörigen zutreffen. Sicher ist die gestörte Balance des Stoffhaushalts im Gehirn. Liegen hier Unregelmäßigkeiten vor, wird das Denken erschwert. Die Bewertung von Situationen erfolgt verlangsamt, es ist schwierig, Pläne zu schmieden oder Aufgaben anzugehen. Alles Merkmale einer Depression.

Erkrankungen und neurologische Abweichungen, die eine Einschränkung der exekutiven Funktionen bewirken und/oder das Arbeitsgedächtnis und die allgemeine Reaktionszeit beeinflussen, begünstigen die Entstehung von Depressionen. (z.B. Parkinson, ADHS, Autismus, Alzheimer)

**Chronobiologische Störungen.** Der gestörte Schlaf-Wach-Rhythmus depressiver Patienten lässt außerdem Probleme im chronobiologischen System vermuten. Unsere innere Uhr funktioniert über das Zusammenspiel verschiedener Transmitter und Hormone. Diese wiederum werden durch äußere Bedingungen angeregt. Tageslicht und jahreszeitliche Bedingungen haben einen direkten Einfluss auf unseren Körper. Werden die äußeren Signale falsch gedeutet, geraten innere Prozesse durcheinander. Im Ergebnis gerät der Ausgleich zwischen Ruhephasen und dem Drang zur Aktivität durcheinander. Dafür spricht das vermehrte Auftreten von depressiven Symptomen in Frühjahr und Herbst.

**Sonderform Winterdepression.** Im klinischen Sinne ist eine saisonal-abhängige Depression gemeint. In der Diagnosestellung unterscheidet sich diese Depressionsform von der generalisierten Form im Wesentlichen durch zwei Merkmale: Heißhunger und ein extremes Schlafbedürfnis. Symptome, die nicht zufällig nach Winterschlaf klingen. Entwicklungsgeschichtlich ist die kalte Jahreszeit für uns Menschen genauso eine Rückzugsphase wie sie es für Tiere und Pflanzen ist. Jeder empfindet irgendwann zwischen Herbstbraun und Schneeschmelze diese gewisse Melancholie. Einen trägen Augenblick der Rückschau, der sich zu einem unangenehmen Winterblues auswachsen kann. Dieser Zustand erlaubt (im Gegensatz zur Depression) jedoch immer noch Lichtblicke. Der Übergang in die Depression wird vor allem durch unsere Bewertung dieser Prozesse angekurbelt. Wir werten das vermehrte Ruhebedürfnis ab, wollen ebenso leistungsfähig sein wie an allen anderen Tagen und widersetzen uns den biologischen Gegebenheiten. Die innere Balance wird gestört. Wieder eine Art Krise, für deren Überwindung angemessene Ressourcen notwendig sind.

Warum beschäftigen wir uns mit all diesen Theorien, wenn sie doch nicht abschließend belegt sind? Weil bestimmte Symptome sehr gut zu den einzelnen Begünstigungsfaktoren zurückverfolgt werden können. Symptomatisch kann dem Patienten mit diesem Wissen geholfen werden. Hier bekommen auch Sie als Angehörige wieder Werkzeuge an die Hand, an denen Sie Ihr Unterstützungsangebot ausrichten können.

## Faktor 4: Aktuelle Auslöser

Zusätzlich können Sie gemeinsam versuchen, gedanklich die letzten Monate vor Ausbruch der Erkrankung Revue passieren zu lassen. Veranlagung und Erfahrung allein führen selten zu einer depressiven Episode. Häufig kommt ein Auslöser hinzu. Die Betroffenen sehen sich mit Situationen konfrontiert, deren Bewältigung sie überfordert. Sie erleben eine Krise, die aufgrund der Beschaffenheit des Auslöser, die typischen depressiven Denkmuster auslöst.

Wie stark der Alltag dabei objektiv aus dem Gleichgewicht gerät, spielt für das Erleben des Betroffenen keine Rolle. Für den einen ist es ein Umzug mit Jobwechsel, der andere stolpert bereits über eine bestimmte Art von Konflikt. Oft geht es um Veränderungen. Positive wie negative. Geburten und Todesfälle verändern das Familiengefüge ähnlich nachhaltig. Beförderungen und Kündigungen zwingen gleichermaßen zu Neuorientierung. Plötzlich stehen Selbstzweifel, Ängste und Unsicherheiten im Raum. Jetzt fährt das Hirn fest und reagiert seiner grundlegenden Erfahrungen  entsprechend – komplett unabhängig davon, welche Einstellung der Betroffene eben noch offen an den Tag gelegt hat. Die Prozesse einer depressiven Erkrankung können selbst excessive Frohnaturen komplett in die Knie zwingen.

## #6 TIPP: DEN MENSCH, MENSCH SEIN LASSEN

Wir erleben in Mitteleuropa derzeit eine verstärkte Sensibilisierung für psychische Belange. Das ist erst einmal gut, besser jedenfalls, als Härte und Verleugnung. Dennoch bringen auch Awareness und Selbstoptimierung Extreme mit sich. Menschen haben abweichende Meinungen, sind mal lauter, mal leiser und können natürlich nicht immer glücklich sein. Kein Licht ohne Schatten – Sie kennen die dazugehörigen Plattitüden. Frust und Trauer gehören zum Alltag dazu. Egal wie achtsam Sie den Tag beginnen. Manchmal nimmt der alltägliche Wahnsinn eben überhand und der Frust muss irgendwo hin. An solchen Tagen dürfen wir gereizt sein. Wir dürfen uns im Tonfall vergreifen oder uns für ein paar Stunden unter der Bettdecke verkriechen. Solche Momente schaffen einen Ausgleich in stürmischen Zeiten. Eigentlich sind den meisten von uns ihre persönlichen Warnzeichen bekannt. Wir wissen, wann es für uns fünf vor zwölf ist. Wir wollen es nur nicht wahrhaben. Bevor es eskaliert, kann es helfen, folgende Fragen einfach einmal schriftlich für sich selbst zu beantworten:

» Woran erkenne ich, dass mein Kopf zu voll ist für weitere Aufgaben?
» Wann und wie kann ich Frust und Wut freien Raum lassen?
» Hilft mir Sport? Kunst? Einfach mal laut singen?

Geht die Stimmung dennoch durch die Decke, ist auch das kein Beinbruch. Kann Ihr Angehöriger solche Momente im Anschluss reflektieren und erfolgen im Zweifelsfall angemessene Entschuldigungen, müssen Sie nicht sofort Alarm schlagen. Im Gegenteil: negative Gefühle ausleben und produktiv nutzen können, spricht für einen gesunden Geist. Sofern sich die Stimmung im Anschluss, spätestens nach ein, zwei Wochen, wieder eingependelt hat.

Ähnlich verhält es sich mit Trauer, Liebeskummer oder Versagensmomenten. Der Stimmungsabfall gehört zum Verarbeitungsprozess. Bleiben Sie in solchen Momenten wachsam, aber drängen Sie niemanden aus diesen Mechanismen heraus. Dieses natürliche Leid muss gelebt werden, wenn es sich nicht zu verdrängter Frustration aufbauschen soll. Bestrebungen wie die aktuell beliebte Manifestationsthese oder der von zahlreichen Influencern propagierte extreme Positivismus schießen nicht selten übers Ziel hinaus.

## #7 TIPP: DEPRESSION KANN JEDEN TREFFEN

Ein Fünftel der Menschen in Deutschland kennt depressive Symptome. Die Betroffenen kommen aus allen Bevölkerungsschichten, sind arm, reich, erfolgreich, Single, Familienoberhäupter, Akademiker, Yogalehrer oder Tankwart. Die Erkrankung sagt somit wenig über die Eigenschaften einzelner Personen oder ihr Vermögen aus. Auch ihr Bestehen im Alltag kann sich vollkommen verschieden darstellen. In diesen 20 Prozent sind unerkannte bzw. versteckte Depressionen noch nicht eingerechnet.

Es ist nicht ausgeschlossen, dass selbst die gutgelaunte Nachbarin seit 40 Jahren lächelnd gegen die tiefe Leere in ihrem Inneren ankämpft. Besonders prekär: Bereits Kinder können Depressionen entwickeln. Dazu sind weder Trauma noch Vernachlässigung notwendig. All diese Menschen haben Angehörige, die mit ihnen gegen die Erkrankung kämpfen oder zumindest live und in Farbe Zeuge der Symptome werden. Prinzipiell sollte eine depressive Phase also ähnlich alltägliche Fürsorge hervorrufen wie eine starke Grippe.

Was wir ebenfalls alle wissen: In bestimmten Lebensphasen sind Menschen gemeinhin anfälliger für depressive Erkrankungen. Das sind zum einen die bereits erwähnten jahreszeitenabhängigen Erscheinungen, zum anderen aber entwicklungstypische Herausforderungen (Übergänge Jugendlicher/Erwachsener, Schule/Berufstätigkeit, Eintritt Elternschaft, Empty Nest Syndrom, Alter) und Phasen hormoneller Veränderung. (prämenstruelle Dysphorische Störung, Wechseljahre, Wochenbettdepressionen). Nur weil depressive Erscheinungen hier typisch erscheinen, sollten sie nicht weniger ernst genommen werden. Eher ist besonders dringend Unterstützung angezeigt, schließlich handelt es sich bei diesen Erscheinungen größtenteils um prägende Lebensabschnitte.

*Eine gesunde und angemessene Bewältigung ist ausschlaggebend für die weitere Lebensqualität. Ein unabhängiger Hinweis auf mögliche Unterstützungsangebote kann hier bereits viel bewirken.*

# WIE WIRD EINE DEPRESSION DIAGNOSTIZIERT?

Besteht der Verdacht auf eine leichte bis mittelschwere Depression, ist der vertraute Hausarzt in vielen Fällen ein beliebter Ansprechpartner. Wer sich etwas auskennt, wendet sich direkt an die ambulante Sprechstunde der psychiatrischen Abteilung des nahegelegenen Klinikums. Nur in schweren Fällen beginnt die Behandlung mit einer Krankenhauseinweisung. In den Kliniken treffen die Patienten auf Fachärzte für Psychiatrie und Psychotherapie bzw. Psychosomatische Medizin. Natürlich kann der Allgemeinmediziner den Betroffenen auch an einen ambulanten Facharzt verweisen. Psychologische Psychotherapeuten kommen in der Regel erst später ins Spiel. Sind diese die ersten Ansprechpartner, liegt es meist daran, dass der Patient zunächst wegen anderer Beschwerden zu ihnen kam. Allgemein wird jedoch überall ein ähnlicher Diagnoseprozess verfolgt.

## Verdacht ansprechen

Besteht der Verdacht auf das Vorliegen einer Depression, wird der Arzt im Rahmen eines einfühlsamen Gespräches einen übersichtlichen Fragebogen ausfüllen. Hier werden über typische Aussagen die Grundsymptome deutlich. Vermutlich wird der Hausarzt versuchen einen Psychiater hinzuzuziehen, der die weitere Diagnose übernimmt. In leichten Fällen kann er selbst eine Übergangsbehandlung anordnen. (Meist Medikamente.)

Eine rein medikamentöse Behandlung schafft das Problem nicht dauerhaft aus der Welt. Beobachten Sie Ihren Angehörigen. Beschäftigt er sich mit der Erkrankung? Überspielt er die Symptome oder ändert sich tatsächlich etwas? Bei Zweifeln könnten Sie den Austausch mit anderen Betroffenen empfehlen. Selbsthilfegruppen sind nicht verbindlich. Sie sind gute Orientierungsgeber und können problemlos in einer anderen Stadt besucht werden, falls es dem Betroffenen auf Anonymität ankommt.

## #8 TIPP: MIT SUIZIDALEN GEDANKEN UMGEHEN

Hinweis / Disclaimer: Die folgenden Informationen dienen ausschließlich der allgemeinen Orientierung und ersetzen keine professionelle medizinische, psychologische oder rechtliche Beratung. Im akuten Notfall – insbesondere bei Anzeichen von Selbst- oder Fremdgefährdung – wenden Sie sich bitte umgehend an den Notruf (112) oder den ärztlichen Bereitschaftsdienst (116117).

Medikamente regulieren die Stimmung nicht sofort. Zunächst zeigen sich in der Regel Veränderungen in den Bereichen Antrieb und Motivation. Nicht selten setzt nahezu sofort ein Gefühl gesteigerten Tatendrangs ein. Der Betroffene empfindet wieder Lust, etwas zu tun. Seine Stimmung ist in diesem Moment aber noch im Keller. Ein gefährlicher Moment, wenn er bis dahin Suizidpläne hegte und sich nun endlich zu deren Umsetzung aufraffen kann. Natürlich können Sie nicht immer von solchen Gedanken wissen. Folgen Sie aber in jedem Fall Ihrem Bauchgefühl und beobachten Sie Ihren Angehörigen in der Einstellungsphase mit der notwendigen Skepsis.

Ganz allgemein sollten Suizidgedanken nicht tabuisiert werden. Spricht jemand den Wunsch aus, sterben zu wollen, ist es nicht Ihre Aufgabe, Gegenargumente zu erfinden oder gar die Idee abzustrafen. Die Aussage ist nicht egoistisch. Selbstmord bei Depression ist kein Aufgeben. Es ist ein Hilferuf in einem Moment, in dem der seelische Schmerz für den Betroffenen absolut unaushaltbar ist.

*Natürlich ist das Thema beängstigend. Es ist nachvollziehbar, wenn Sie aus einem Reflex heraus abblocken und nichts über lebensmüde Gedanken hören wollen. Davon verschwindet der Impuls jedoch nicht. Im Gegenteil, der Betroffene wird sich abgelehnt, nicht ernst genommen fühlen.*

Lassen Sie Ihr Gegenüber besser ausreden. Woher kommt diese Idee? Ist sie schon länger da? Versuchen Sie herauszuhören, ob es sich lediglich um Fantasien oder konkrete Pläne handelt. Mitunter korrigieren sich die Betroffenen selbst, wenn sie so einen großen Gedanken ausgesprochen vor sich sehen. Manchmal hilft es, dezent (ohne Druck oder Schuldzuweisung) auf die Personen aufmerksam zu machen, denen das Weiterleben des Betroffenen unbedingt wichtig wäre. Sie dürfen auch Ihre Betroffenheit zeigen. Sagen Sie direkt: "Ich möchte wirklich gern, dass du in meinem Leben bleibst!" Alles ist besser, als das Thema abzuwürgen.

Fragen Sie ruhig auch nach, wenn Sie nur den Verdacht hegen, der Betroffene könnte sich ein Ende seines Lebens wünschen. Eine Rückversicherung ist nie verkehrt. "Denkst du manchmal daran, dein Leben zu beenden?" ist eine legitime Frage. Depression ist in Deutschland eine der häufigsten Suizidursachen, meist versteckt hinter Süchten und risikoreichem Verhalten.

**Welche Beobachtungen können auf suizidale Gedanken hinweisen?**

» große Projekte trotz allem Gewissenhaft abschließen
» Vorkehrungen für Hinterbliebene treffen
» Abschiedsbriefe verfassen
» Medikamente horten
» riskante Verhaltensweisen
» sich nicht geliebt fühlen
» Aussagen wie "Es ist doch egal, ob ich da bin" oder "Ich mache immer alles nur schlimmer"

Das Sprechen über Suizid triggert die Idee nicht. Sie bringen den Betroffenen durch konkrete Nachfragen **nicht** auf dumme Gedanken. Solche Ideen werden eher als eingegeben erlebt. Sie drängen sich auf. Es kann sehr erleichternd sein, über diese Erfahrung zu sprechen.

Der Drang zum Suizid ist einer der Notfälle, die statt Aufregung Ruhe verlangen. Lassen Sie wenn möglich alles stehen und liegen und schaffen Sie Zeit für ein entspanntes Gespräch. Ohne Handlungsdruck, ohne emotionalen Druck, ohne Vorwürfe. Zeigen Sie, dass Sie den Betroffenen verstehen wollen. Schätzen Sie sein Vertrauen wert.

Bevor Sie die Situation verlassen, können Sie es mit einer Abmachung versuchen. "Versprich mir, dass du noch da bist, wenn ich morgen um 10 Uhr nach dir sehe!" (Wichtig: Seien Sie dann auch unbedingt um 10 Uhr da.) Ähnlich gehen auch Therapeuten vor. Praxen und Kliniken setzen sogar Verträge mit den Patienten auf, in denen sie dafür unterschreiben, sich während der Behandlung nichts anzutun. Diese Unterschrift wird als extrem bindend wahrgenommen.

Wann immer Sie annehmen müssen, dass der Betroffene ins Handeln gerät, aktiv einen Selbstmord plant oder wenn Sie sogar dazu kommen, während er bereits zur Tat schreitet – holen Sie umgehend medizinische Hilfe dazu. Die Notrufzentrale ist akut immer erreichbar. In Verdachtsfällen melden Sie sich bei der Krisenhotline (116 117) oder direkt in der Notaufnahme der nächsten psychiatrischen Klinik.

## Individuelle Symptome aufdecken

Schwere Symptome werden generell ausführlicher betrachtet. Es kommt darauf an, aktuelle Beobachtungen mit der Krankheitsanamnese, dem Alltag des Patienten und seiner Biografie in Beziehung zu setzen.

Spätestens in diesem Schritt sollte der Arzt Fragen zu den Medikamenten stellen, die der Betroffene im Alltag verwendet. Nicht wenige, als alltäglich betrachtete Präparate können Nebenwirkungen haben, die depressiven Symptomen ähneln. Dass der Patient dieselben Mittel seit zwanzig Jahren einnimmt, spielt dabei keine Rolle. Unser Organismus unterliegt stetigen Veränderungsprozessen und auch Alter, Schwangerschaft und Ernährungsumstellungen können eine veränderte Stoffumsetzung bewirken.

**Organische Erkrankungen ausschließen**
Organische Erkrankungen werden über körperliche Untersuchungen ausgeschlossen. Dies kann verschiedene Facharzttermine erforderlich machen. Beispielsweise verstärken sich Diabetes (Typ 2) und depressive Symptome gegenseitig. Ähnlich verhält es sich mit:

» endokrinen Erkrankungen
» kardiovaskulären Beschwerden
» Asthma
» unterschiedlichen Lungenerkrankungen
» Krebs
» chronisch entzündliche Erkrankungen
» Nierenerkrankungen
» neurodegenerative Erkrankungen
» Chorea Huntington
» Parkinson
» allg. chronische somatische Erkrankungen

Die Aufzählung ist nicht vollständig, zeigt aber sehr gut, wie nah sich Körper und Psyche liegen.

*Chronisch entzündliche Erkrankungen erzeugen nicht selten durch eine sekundäre Hirnhautentzündung im späteren Verlauf depressive Symptome.*

Körperliche Beschwerden, die mit der Depression gemeinsam aufgetreten sind, werden unabhängig abgeklärt. Nichts spricht dagegen, dass Erkrankungen wie Gastritis und Depression unabhängig voneinander zur selben Zeit auftreten. Grundsätzlich geht es um einen Check der allgemeinen Organfunktion, einen Überblick zur Nährstoffversorgung und die Kontrolle der Wahrnehmungsfunktionen.

Als Angehöriger sind Sie sowohl motivierend als auch organisatorisch gefragt. Nur in schweren Fällen erfolgt die Diagnostik im Krankenhaus. Die Betroffenen werden sich über einen gewissen Zeitraum hin wieder und wieder aufraffen müssen, um rechtzeitig zu den diversen Untersuchungsterminen zu erscheinen.

Existieren Befunde und Arztberichte, die diesen Prozess beschleunigen können? Helfen Sie dem Betroffenen bei Bedarf, diese zusammenzustellen. Stehen Sie Ihrem Angehörigen nahe, werden eventuell auch Sie selbst zur Lebenssituation befragt. Teilen Sie Ihr Wissen! Verhaltensauffälligkeiten, Süchte und vergangene psychische Erkrankungen sind relevant, auch wenn sie bereits 20 Jahre zurückliegen.

## Abgrenzung zu ähnlichen psychiatrischen Erkrankungen

Sind organische Erkrankungen sicher ausgeschlossen, wird die Symptomatik auf Überschneidungen zu anderen psychischen Erkrankungen hin überprüft. Komorbiditäten sind in diesem Sinne nicht selten, sodass sich Krankheitsbilder überlagern können. Liegen weitere Störungen vor oder sind die Beschwerden anderen Ursprungs, verändert sich die Herangehensweise innerhalb der Therapie. Abhängigkeitserkrankungen und Persönlichkeitsstörungen etwa sollten abgeklärt werden, bevor eine intensive Therapie begonnen wird. Bei mehreren psychischen Erkrankungen haben die Experten in der Regel feste Strukturen entwickelt, was wie zuerst angegangen werden muss, um zu verhindern, dass einzelne Beschwerden dem Heilungsprozess in anderen Bereichen im Weg stehen.

Hörstörungen werden im Untersuchungsprozess erstaunlich häufig vernachlässigt. Liegt bei Ihrem Angehörigen eine unzureichend behandelte Schwerhörigkeit vor? Bereits mittelgradiger Hörverlust führt zu sozialen Einschränkungen. Hier lauert ein hohes Depressionsrisiko. Nicht nur, weil der Austausch mit anderen fehlt. Das Hören ist eine große Herausforderung für unser Gehirn. Fehlt hier plötzlich der Input, ist das Gehirn schnell unterfordert. Nicht genutzte Fähigkeiten verkümmern. Das fehlende Training wirkt sich auf weitere Lebensbereiche aus. Schlagen Sie dem Betroffenen unbedingt eine angemessene Behandlung vor, wenn Ihnen Probleme beim Hören auffallen. Dies muss keine Hörstörung im organischen Sinne sein. Insbesondere Kinder und Jugendliche leiden mitunter lang unter unerkannten Wahrnehmungsverarbeitungsstörungen. Sie hören dann normal, können das Gehörte aber nicht vollständig auswerten. Tricky bei Teenagern und jungen Erwachsenen – hier haben Eltern generell das Gefühl, nur halb gehört zu werden – aber einen Versuch ist es wert.

## Abweichende Hirnfunktionen und geistige Einschränkungen

Im Rahmen des Neurodivergenzspektrums und auch bei angeborenen kognitiven Behinderungen steigt die Anfälligkeit für depressive Erkrankungen. Das liegt zum einen an veränderten biologischen Voraussetzungen, zum anderen an vermehrt auftretenden negativen Alltagserfahrungen. Die Depression kann neben der eigentlichen Behandlung schnell untergehen. Wo etwa Impulsivität und Wutausbrüche an der Tagesordnung sind, fällt eine emotionale Schieflage später auf. Zusätzlich werden bei Vorliegen autistischer Störungen und Aufmerksamkeitsdefiziten Medikamente verschrieben, die gezielt den Hirnstoffwechsel beeinflussen. Das Ergebnis einer solchen Behandlung ist keinesfalls eindeutig vorhersehbar. Kippt das Gefüge der Neurotransmitter in die falsche Richtung, ähnelt das Ergebnis einer Depression. Auch solche Beobachtungen kann man innerhalb einer zugewandten Beziehung gegenüber dem Betroffenen ansprechen.

# TYPISCHE BEHANDLUNGSANSÄTZE

Je nach Leidensdruck des Patienten werden zur Behandlung der Depression Medikamente oder psychotherapeutische Ansätze empfohlen. Nicht selten wird eine gesprächsorientierte Therapie erst durch die medikamentöse Intervention ermöglicht. Grundlegend sollte dem Patienten Wissen über seine Erkrankung vermittelt werden. Wir sprechen hier von Psychoedukation. Alle weiteren Angebote richten sich nach den individuellen Bedürfnissen des Betroffenen.

Denkbar sind unter anderem:

» Bewegungsangebote
» Ergotherapie
» physikalische Anwendungen
» Kunsttherapie
» Lichttherapie
» therapeutischer Schlafentzug
» Hirnstimulation

## PSYCHOEDUKATION

Der Patient ist Experte seiner eigenen Erkrankung. Er weiß am besten, was er wahrnimmt. Psychoedukationsgruppen (mitunter auch Einzelgespräche) bieten ihm das notwendige Fachwissen, um Rückschlüsse aus diesen Beobachtungen ziehen zu können. Die Betroffenen lernen, wie ihre Erkrankung entsteht, wie sie verlaufen kann und wie sie am besten für sich sorgen. Der tatsächliche Austausch mit einem Therapeuten oder sogar anderen Betroffenen spielt in diesem Prozess eine wesentliche Rolle. Die Patienten werden in der Regel zur Selbstbeobachtung angehalten. Kleine Übungen ermöglichen es ihnen, zwischen erkrankten und gesunden Anteilen ihrer Wahrnehmung zu unterscheiden. Hier geschieht noch keine eigentliche

*Möchten Sie sich zu diesen Angeboten ausführlicher informieren, bietet die deutsche Depressionshilfe einen guten Ausgangspunkt für Ihre Recherchen:*

*https://www.deutsche-depressionshilfe.de/wissen/behandlung*

Therapie. Vielmehr wird ein Grundstein gelegt, der das Verständnis für mögliche Behandlungsschritte erweitert. Versteht der Patient, was seine Probleme auslöst, kann er die Erkrankung eher akzeptieren.

Manchmal werden Angehörige in solche Termine eingebunden. Nicht immer ist dies jedoch möglich. Sie müssen nicht warten, bis Ihnen eine Einladung ins Haus flattert. Kliniken, Rehazentren und unabhängige Vereine bieten Informationsveranstaltungen für Angehörige an, die oftmals sogar kostenlos besucht werden können. Sie können sich online zu diesen Terminen informieren. Die Treffen lohnen sich – neben Fachinformationen finden Sie hier Menschen, denen es ähnlich geht, wie Ihnen selbst. Das Verständnis Gleichgesinnter schenkt Kraft und stärkt die Zuversicht. Zudem erhalten Sie wertvolle Anregungen für den gemeinsamen Alltag.

## Medikamente gegen Depressionen

Erwachsene Patienten sind in der Regel für sich selbst verantwortlich. Sie als Angehöriger werden deshalb eher weniger in Fragen der Medikation involviert sein. Ist Ihr Verhältnis zum Betroffenen sehr eng oder leben Sie sogar zusammen, kann dennoch Ihre Unterstützung gefragt sein. Sie könnten etwa an Einnahmen erinnern und auf ärztliche Absprachen verweisen. Da Sie die Krankheit von außen sehen, aber deutlich mehr Nähe zum Alltag des Patienten haben als Ärzte oder Therapeuten, können Ihre Beobachtungen während der Einstellungsphase hilfreich sein. Was verändert sich? Wie drastisch erscheinen die Nebenwirkungen? Eventuell fragt der Patient, ob seine Beobachtungen mit Ihren übereinstimmen. Ihre Sicht dient dann der Bestätigung der Selbsteinschätzung. Sie stärkt den Patienten dort, wo er seiner eigenen Wahrnehmung nicht traut.

Nur in schweren Fällen sollten Sie ungefragt eingreifen. Allgemein ist es besser, sich nicht aufzudrängen. Suchen Sie das Gespräch und geben Sie Denkanstöße. Bevormunden Sie den Betroffenen aber nicht.

## Gründe, die für Medikamente sprechen

Antidepressiva müssen über einen langen Zeitraum hinweg eingenommen werden. Eine gewisse Skepsis ist also berechtigt. Der Arzt wird den Kosten-Nutzen-Faktor der Verschreibung genau abwägen und angemessen auf alle auftretenden Nebenwirkungen reagieren. Die Einstellungsphase erfordert Geduld. Nicht immer findet sich sofort das passende Präparat. Manchmal müssen spezielle Lebensumstände oder Vorerkrankungen berücksichtigt werden. Dennoch lohnt das Prozedere. Ausschlaggebend in der Entscheidung für oder gegen Antidepressiva ist neben dem subjektiven Leidensdruck des Patienten auch seine objektive Aufnahmefähigkeit. Damit sich etwas ändern kann, muss der Betroffene in der Lage sein, seine Erkrankung und den Sinn der angebotenen Interventionen zu verstehen. Er muss sich dazu aufraffen können, Therapieangebote wahrzunehmen.

Handlungsoptionen werden mitunter zwar gesehen, können aber erst nach Abklingen der Symptome genutzt werden. Hier verschreibt der Arzt Medikamente. Wird nach eingehender Untersuchung deutlich, dass der Patienten trotz Depression eine gute Reflexionsfähigkeit besitzt, kognitiv aufnahmefähig ist und nur mit geringen Anlaufschwierigkeiten kämpft, kann der Weg direkt in die Gesprächstherapie führen.

Wie stehen Sie selbst zu Psychopharmaka? Lehnen Sie chemische Präparate allgemein ab? Auch dies ist eine Meinung, die sein darf. Sie dürfen für sich frei entscheiden, wie Sie Ihren Körper im Krankheitsfall unterstützen. Jeder andere sollte diese Freiheit ebenfalls genießen! Depressive Patienten kämpfen mit Entscheidungen. Machen Sie es Ihrem Angehörigen nicht schwerer als notwendig, indem Sie versuchen, Ihr persönliches Weltbild durchzusetzen. Informieren Sie sich bitte ausführlich zu allen Ihnen bekannten Vorurteilen. Antidepressiva machen, entgegen hartnäckiger Gerüchte, nicht süchtig. Es entstehen Absetzsymptome, wenn Patienten spontan die Einnahme beenden. Diese sind aber nicht mit Craving-Phänomenen zu verwechseln. Es handelt sich dabei lediglich um ein Ungleichgewicht im Neurotransmitterhaushalt, das sich durch die plötzlich wieder fehlenden Botenstoffe ergibt. Die Symptome verschwinden bereits nach wenigen Tagen.

Durch den Einsatz von Medikamenten relativ bald zu Krankheitsbeginn werden viele Patienten ambulant behandelt. Sie können nach einer überschaubaren Auszeit wieder in ihren Beruf zurückkehren und bleiben Teil der von ihnen bevorzugten sozialen Strukturen. Insofern kann die medikamentöse Behandlung für einen an Depressionen erkrankten Patienten ein echter Gamechanger sein.

Als Ansatzpunkt dient der Pharmakologie in der Regel das Neurotransmittersystem im Gehirn. Wie angesprochen wird hier ein Ungleichgewicht vermutet, dem sich auf unterschiedlichen Wegen beikommen lässt. Die Wirksamkeit der einzelnen Produkte konnte in zahlreichen Studien nachgewiesen werden. Allerdings kann es längere Zeit dauern, bis der Patient das für ihn passende Präparat gefunden hat. Das liegt zunächst einmal daran, dass im Vorfeld nur schwer ersichtlich ist, welcher Neurotransmitter beeinflusst werden sollte. Es gibt keinen Test, der über greifbare Biomarker einen Mangel ausweisen könnte. Darüber hinaus bringen in einzelnen Fällen erst Stoffkombinationen spürbar Besserung. Zum Beispiel, wenn Schlafmangel den Alltag stark beeinflusst oder Ängste ein tolerierbares Maß übersteigen.

Die Medikamente allein werden nicht zur Heilung führen. Eher sind sie als Brücke zu betrachten. Barrieren, die zuvor die Wahrnehmung hemmten, werden abgebaut, Anspannungen lösen sich und potentiell ist wieder Aktivität möglich. All dies sind wichtige Voraussetzungen, die es dem Patient ermöglichen, seine Situation mit Abstand zu betrachten und Veränderung zu bewirken.

## Welche Medikamente werden verordnet?

**Antidepressiva.** Die Aufgabe eines Antidepressivums besteht darin, die Menge der im Hirn verfügbaren Botenstoffe zu erhöhen und so die Kommunikationsleistung zwischen den einzelnen Hirnarealen zu verbessern. Dies kann über eine Hemmung der Wiederaufnahme, durch zusätzliche Ausschüttung oder einen verlangsamten Abbau geschehen.

Zur Orientierung: Zentrale Neurotransmitter und was sie können

- » Serotonin – Wohlfühl Booster, beteiligt an der Regulation zahlreicher lebenserhaltender Funktionen (Alles-ok-Gefühl, Bedürfnisbefriedigung, erlaubte Pause)
- » Noradrenalin – Kickstart, schnelle Reaktion, spontanes Handeln, wach und aufmerksam (Ich will und ich werde!)
- » Dopamin – fungiert als Motor, wird in Erwartung einer Belohnung ausgeschüttet (Fokus, Dranbleiben, Machen)

Es kommt dabei wohlgemerkt nicht auf einen Dauerbelohnungszustand an. Für die Art Luxus sind wir grundsätzlich nicht ausgelegt. Zufriedenheit entsteht immer dann, wenn unser Tun sich lohnt und wir zusätzlich positive Überraschungen erleben dürfen. Ein Bonus ist aber nur solange ein Bonus, wie er als Ausnahme auftritt. Dauerbelohnung erzeugt Gewöhnung. Was einmal aufregend war, wird beim zehnten Mal langweilig. Damit liegt das Ziel der Behandlung nicht in einem immerwährenden Glückszustand. Angestrebt wird ein Ausgleich der Neurotransmitter, der dem Patienten die volle Bandbreite der Emotionen ermöglicht und damit zu adäquatem Handeln motiviert.

Namentlich kommen vorrangig folgende Wirkstoffgruppen zum Einsatz:

- » SSRI – selektiven Serotonin-Wiederaufnahmehemmer
- » SSNRI – duale selektive Serotonin-Noradrenalin-Wiederaufnahmehemmer
- » NaSSA – noradrenergen und spezifisch serotonergen Antidepressiva
- » tri- und tetrazyklischen Antidepressiva
- » heterozyklische Antidepressiva
- » MAO-Hemmer – Monoaminoxidasehemmer
- » melatonerge Antidepressiva
- » Noradrenalin-Dopamin-Wiederaufnahmehemmer
- » Serotoninmodulatoren

Die Produkte selbst tragen je nach Anbieter unterschiedliche Namen, wodurch sich innerhalb der jeweiligen Wirkstoffgruppe aber keine oder nur geringe Unterschiede in der Wirkungsweise ergeben.

### Kurzfristige Notfallbehandlung

In Notfällen, etwa bei akuter Suizidalität, wird den Patienten z.T. Esketamin verabreicht. Die antidepressive Wirkung des Mittels setzt umgehend ein. Es kann unkompliziert als Nasenspray verabreicht werden und wird von den Patienten meist als angenehm empfunden. Für die Dauerbehandlung ist der dem Ketamin nahe Stoff allerdings ungeeignet. Ursprünglich als Narkosemittel gedacht, wirkt das Präparat stark sedierend und dazu halluzinogen. Schon nach kurzer Einnahmedauer kann sich eine Abhängigkeit einstellen, die mit entsprechenden Nebenwirkungen einhergeht. Esketamin wird deshalb nur unter ärztlicher Aufsicht verabreicht und auch nur, wenn mindestens zwei andere Stoffgruppen versagt haben. Nehmen Patienten das Mittel notgedrungen über einen längeren Zeitraum, sind sie in Abständen von wenigen Tagen bis zwei Wochen zu ambulanten Klinikbesuchen/ bzw. Praxisaufenthalten gezwungen.

## #9 TIPP: NEBENWIRKUNGEN BEGEGNEN

Der verschreibende Arzt wird den Patienten auf wesentliche Nebenwirkungen hinweisen. Er wird Ihrem Angehörigen erklären, dass sich die Wirkung des Präparates erst über die Zeit entfaltet. Einige Effekte können zeitnah eintreten, der Stimmungsausgleich erfolgt jedoch in der Regel erst nach einigen Wochen konsequenter Einnahme. Dadurch können zeitweise negative Nebenwirkungen die positiven Effekte überlagern. Diese klingen jedoch häufig nach der Dosisfindung ab. Kennen Sie den Namen des verordneten Präparates, können Sie sich zu typischen Nebenwirkungen informieren und sind so auf entsprechende Gespräche mit dem Betroffenen vorbereitet. Dabei geht es nicht darum, den Betroffenen trotz massivem Leid bei der Stange zu halten. Eher sind Sie ein Zuhörer, der helfen kann, die Äußerungen des Betroffenen derart in Ihren Worten zu spiegeln, dass ihm eine Entscheidung für oder gegen die weitere Einnahme möglich wird.

Antidepressiva sollten generell nur unter ärztlicher Aufsicht abgesetzt werden. Ansonsten besteht die Gefahr eines ausgeprägten Absetzsyndroms (Stimmungsschwankungen, Muskelkrämpfe, Zittern, Aggression, Zunahme depressiver Symptome, Manie, mitunter Suizidgedanken).

Zudem sind Sie durch eine angemessene Recherche in der Lage, Notfälle zu erkennen und entsprechend zu handeln. Im Idealfall informieren Sie sich mit dem Betroffenen gemeinsam zu Wirkstoff und Nebenwirkungen. So können Sie ein angemessenes Vorgehen bei Auffälligkeiten besprechen.

Drastische Nebenwirkungen können in der Regel durch ordnungsgemäße Einnahme vermieden werden. Typische Problemstellungen sind:

**Serotonin-Syndrom.** Kombination eines Serotonin beeinflussenden Medikaments mit weiteren Stoffen, die ebenfalls auf den Serotoninhaushalt einwirken (Bsp. Migränemittel, Rauschmittel, MAO-Hemmer, Johanniskraut). Sie beobachten zunächst Unruhe, starkes Schwitzen, Verwirrtheit, Durchfall, eventuell Zittern. Schlimmstenfalls Krämpfe, Fieber, steife Muskeln. Dies ist eine Notsituation!

**Tyramin-Wechselwirkung bei MAO-Hemmern.** Nimmt der Betroffene MAO-Hemmer ein, muss er mit einem eingeschränkten Abbau von Tyramin leben. Der Verzicht auf bestimmte Speisen (darunter Käse, Salamie und zahlreiche durch Überreife erzeugte Lebensmittel) ist unabdingbar. Tyraminüberschuss kann tödlich sein, da er zu extrem hohen Blutdruckwerten führt. Patienten können ein Antidot bei sich führen.

**Unfallgefahr.** Einige Präparate führen zu ausgeprägter Tagesmüdigkeit, andere setzen allgemein die Reaktionsfähigkeit herab. Das Bedienen von schweren Maschinen bzw. Führen von Fahrzeugen ist erst nach der Einstellphase ratsam. Stoppen Sie derartige Tätigkeiten, wenn Ihnen Benommenheit oder verlangsamte Bewegungen bei Ihrem Angehörigen auffallen.

**Anhaltende Benommenheit.** Zunächst ist ein Gefühl von Leichtigkeit und Ferne normal. Der Patient fühlt sich eventuell leicht benommen, bis sein Nervensystem in ein angenehmes Gleichgewicht zurückfindet. Dieser Zustand sollte sich geben, sobald der Körper sich an die neuen Umstände gewöhnt hat. Ist dem nicht so, sprechen Sie das Problem an! Eventuell muss die Dosierung angepasst werden. Manchmal zeigt sich auch an diesem Punkt die falsche Wahl des Präparats.

**Wechselwirkungen.** Antidepressiva können mit zahlreichen Medikamenten in Wechselwirkung treten. Typisch sind veränderte Wirkmechanismen in Verbindung mit Medikamenten gegen Rheuma, Diabetes und Blutdruckmitteln. Hinterfragen Sie bei Auftreten schwerer Nebenwirkungen nicht nur die Einnahme verordneter Präparate. Verschreibungsfreie Medikamente (der Klassiker: Aspirin) können ebenso üble Wechselwirkungen erzeugen.

## Wie kann ich als Außenstehender in der Einstellungsphase behilflich sein?

» Sprechen Sie mit dem Betroffenen in angemessener Form über Ihre Beobachtungen. Prägen Sie sich Situationen ein, in denen Verbesserung deutlich wird und sprechen Sie diese in passender Situation an.
» Hinterfragen Sie Unstimmigkeiten und vor allem hören Sie zu, wenn der Betroffene über seine Erfahrungen spricht.
» Bestärken Sie den Wunsch, sich zu unangenehmen Wirkungen ein Feedback beim Arzt zu holen.
» Helfen Sie dem Betroffenen, seine Wahrnehmungen in ein realistisches Verhältnis zu setzen.

Es gilt: Nicht korrigieren, zu Vergleichen verhelfen. Dabei sind Erinnerungen an frühere Gespräche oder spiegelnde Fragen hilfreich. ("Du sagst, die Magenschmerzen sind so schlimm, dass es nicht lohnt, die Medikamente weiter einzunehmen. Also du meinst, der Aufschwung von heute morgen ist es nicht wert?")

Fragen Sie am besten direkt nach der Verordnung, welchen Zeitraum bis zur vollständigen Wirkung der Arzt genannt hat. Jetzt wird der Betroffene die Angaben noch im Kopf haben. Später kommt ihm die Zeit eventuell abhanden. Sie können ihn dann daran erinnern. Antidepressiva entfalten ihr volles Wirkspektrum oftmals erst nach 6 Wochen. Zudem können Rückfälle minimiert werden, wenn der Patient die Einnahme in der symptomfreien Zeit zunächst fortsetzt.

Weiterhin gut zu wissen:

- Grapefruitsaft kann die Wirkung des Medikaments negativ beeinflussen.
- Antidepressiva können die Wirkung von Alkohol verstärken. Es können Schwindel und Verwirrtheit auftreten.
- Es sind oft vom Zahnarzt verschriebene Medikamente, die in Kombination mit Antidepressiva unangenehme Wechselwirkungen erzeugen.
- Einige Präparate erhöhen die Lichtempfindlichkeit der Haut. Es kommt schneller zu Sonnenbrand.
- Koffeinhaltige Getränke in gesteigerten Mengen wirken dem Medikament entgegen.
- Nikotin verändert die Wirkung des Medikamentes in schwer vorhersehbarer Form.

## Weitere Medikation

Gerade zu Beginn der Behandlung übersteigt die Symptomvielfalt mitunter die Fähigkeiten eines Antidepressivums. Übliche Beschwerden wie etwa Stimmungsschwankungen und Schlafstörungen werden dann vorübergehend mit zusätzlichen Arzneimitteln behandelt.

Die Behandlung ist jedoch bewusst kurzfristig angesetzt. Speziell Beruhigungs- und Schlafmittel haben ein hohes Suchtpotenzial. Da speziell Anxiolytika und Hypnotika aber auch Ängsten entgegenwirken, haben sie kurzfristig einen hohen Nutzwert für den Patienten.

Weisen Sie Ihren Angehörigen auf die Problematik hin! Selbstmedikation mit verschreibungsfreien Schlafmitteln erscheint vielen Menschen nahezu selbstverständlich. Dabei bieten auch freiverkäufliche Mittel ein hohes Gefahrenpotenzial. Zumal selbst diese mitunter in sehr hohen Dosen tödlich sind, was einem suizidgefährdeten Patienten bekannt sein dürfte.

Wird die Depression von Wahnvorstellungen begleitet, werden Neuroleptika bzw. Antipsychotika verschrieben. Hier wird der Arzt die Dauer der Einnahme gut abwägen. Die Symptomatik bildet sich vermutlich schneller zurück als die zugrunde liegende Depression.

## #10 TIPP: NATURHEILKUNDE JA ODER NEIN

Bei leichten Depressionen ist die Wahl natürlicher Heilmethoden gar nicht so abwegig. Hochdosierte Johanniskrautpräparate und koffeinhaltige Pflanzengruppen wie etwa Mate und Guarana sind in ihrer Wirksamkeit medizinisch belegt. Dennoch, oder gerade wegen ihrer starken Wirksamkeit müssen auch natürliche Präparate mit dem Arzt besprochen werden. Pflanzliche Wirkstoffe gegen Ängste, Unruhezustände und Schlaflosigkeit wirken sanft auf den Körper ein, können aber dennoch Unverträglichkeiten und Wechselwirkungen erzeugen.

*Es spricht nichts dagegen, wenn der Patient sich gern mit pflanzlichen Mitteln hilft. Der Gebrauch muss jedoch ärztlich abgeklärt werden – erst recht, wenn zugleich verschreibungspflichtige Psychopharmaka konsumiert werden. Ein guter Ausgleich aus beiden Welten ist dann sogar ratsam.*

Neben Empfehlungen für Teezubereitungen und Pflanzenkapseln setzt die Naturmedizin auf den nachhaltigen Effekt von Heilbädern, Wassergüssen, Sonne und Bewegung. Damit überschneiden sich die Maßnahmen neuer und altbewährter Hilfen stark, weshalb Sie auch dem Heilpraktiker Glauben schenken dürfen, wenn er dem Betroffenen (zusätzlich zu den Hinweisen des Schulmediziners) sanfte Mittel zur Depressionsbehandlung empfiehlt.

Gefahren liegen eher in kommerziellen Angeboten, die mit bunter Reklame und viel Aufsehen eine Art Spontanheilung versprechen. Hier wird gern mit Nahrungsergänzungsmittel und komplizierten Ernährungsprogrammen geworben, die sich quasi über Nacht lebensverändernd auswirken sollen. Der grundlegende Ansatz ist oft nicht einmal falsch und wird deshalb gern geglaubt.

Bei allem, was schnelle Erfolge verspricht, ist Vorsicht geboten. Es ist gerade die Naturheilkunde, von der wir gelernt haben, dass ein jedes Ding seine Zeit benötigt und kein Teil des Lebens für sich allein stehen kann.

Depressionsbehandlung zielt auf die Aktivierung von Selbstheilungskräften ab. Eine einzelne Pille vollgestopft mit Nahrungsergänzungsmitteln wird nicht von heute auf morgen dauerhaft Veränderung herbeiführen. Hier dürfen Sie selbstbewusst an die Vernunft des Betroffenen appellieren, bevor er ein Vermögen in blinde Hoffnung investiert.

Angemessene Ernährungskonzepte sind nichtsdestotrotz sinnvoll als unterstützende Maßnahme. Hirn und Darm funktionieren in Wechselwirkung und somit ist nicht von der Hand zu weisen, dass wir mit dem, was wir konsumieren, unsere Leistungsfähigkeit direkt beeinflussen. Die Schwerpunkte liegen hier auf einer tryptophanreichen Ernährung, ausgeglichenen Mahlzeiten, einem stabilen Glukosehaushalt und viel Flüssigkeit. Zusätzlich können Mikronährstoffe wie L-Theanin, Zink, Magnesium und Vitamin B Varianten unterstützend wirken.

Folsäure, Omega-3-Fettsäuren, Vitamin D und Coenzym-Q-10 sollen die Aufnahmefähigkeit für bestimmte Antidepressiva verbessern. Aber auch hier ist immer Rücksprache mit dem Arzt angeraten. [5]

## ARTGERECHTE HALTUNG – NATURNAHE THERAPIEANSÄTZE

Wo wir gerade bei natürlichen Heilmethoden sind: Statistisch gesehen fallen einige Umstände als Auslöser von Depressionen besonders auf.

- Armut
- wenig Kontakt
- Überforderung
- Mehrfachrollen
- Großstadtleben
- intensives Verweilen in sozialen Netzwerken
- Wahn zur Selbstoptimierung
- traumatisch erlebte Ereignisse
- Stressbelastung

Diese Aufzählung suggeriert eine auffällige Verbindung zu den Folgen unserer modernen (naturfernen) Lebensweise. Digitalisierung, Lieferdienste und permanente Unterhaltung gaukeln uns eine erleichterte Bedürfnisbefriedigung vor. Tatsächlich erleben wir aber nur ein kurzes Überlagern des eigentlichen Verlangens. Einem Chat fehlt die emotionale Tiefe des realen Aufeinandertreffens. Das Leben in der Stadt, die permanente künstliche Beleuchtung, der Lärm, die grauen Mauern und die ständige Verfügbarkeit von Ressourcen führen zu unnatürlichen Verhaltensweisen. Angeborene Fähigkeiten und Instinkte verkümmern. Unsere Sinne sind unangemessen ausgelastet. Einerseits abgestumpft durch Extreme wie elektrische Geräuschquellen und Geschmacksverstärker und andererseits komplett unterfordert. Wir sind auf ein paar wenige Anregungen fokussiert und verlieren das Gespür fürs Detail.

Ein Ansatz innerhalb der Depressionsbehandlung ist deshalb ein verstärkter Kontakt zur Natur. Ein Verweilen in natürlicher Umgebung beruhigt das Nervensystem. Unsere Sinne können sich in angemessenem Tempo räkeln und strecken. Es entsteht Verbindung – zu Orten, Pflanzen, Tieren, aber auch zu uns selbst.

Professionelle Angebote aus dem Bereich der Naturtherapie können sowohl stationär als auch ambulant stattfinden. Leider sind die meisten ambulanten, aber klinikunabhängigen Angebote nach wie vor auf Selbstzahler gemünzt. Wenn der Betroffene entsprechende Möglichkeiten geboten bekommt, sollten Sie ihn unbedingt zur Teilnahme motivieren. Weit verbreitet sind hier:

» Gartentherapie
» Waldtherapie
» Tiergestützte Therapie
» Naturerlebnisangebote
» Bewegungstherapie im natürlichen Umfeld

## #11 TIPP VERHELFEN SIE DEM BETROFFENEN ZU NATURERFAHRUNGEN

Nutzen Sie die Konnektivität zwischen Mensch und Natur, wenn Sie Ihren Angehörigen etwas Gutes tun wollen!

» Regen Sie zu Bewegung an.
» Nutzen Sie Naturräume, die eine Kombination unterschiedlicher Sinneseindrücke bieten. (Plätschern, warme Sonnenstrahlen auf der Haut, Vogelstimmen, Blätterrauschen, Regen, Donner, Schneeknirschen...
» Holen Sie "leicht verdauliche" Reize ins Haus (Zimmerpflanzen,

Zimmerbrunnen, Tageslicht, Zweige und frische Früchte).
- Unterstützen Sie den Kontakt zu Haustieren.
- Machen Sie die Jahreszeiten erfahrbar (duftende Blumensträuße, aromatisches Herbstlaub, kalte Schneebälle, leckere Erdbeeren…).
- Motivieren Sie Hobbygärtner dazu, ihr Hobby wieder aufzunehmen oder bitten Sie den Betroffenen schlicht um Mithilfe, wenn typische Außenarbeiten anstehen.
- Ermöglichen Sie engen Kontakt zu natürlichen Eindrücken (Barfußlaufen, Tiere streicheln, Pflanzen in Erde setzen, Steine aufheben, durch einen Bach laufen, ins Meer springen, salzigen Wind auf der Haut spüren, im Regen stehen….)
- Unternehmen Sie gemeinsam Ausflüge zu beeindruckenden Naturdenkmälern (Gebirgsformationen, gewaltige Flussläufe, weiter Blick übers Land, die Weite des Meeres …) oder nutzen Sie die Chance, seltene Naturphänomene zu genießen (Sternschnuppenregen, Sonnenfinsternis, Polarlichter, große Vogelschwärme, aber auch schlüpfende Küken, Kaulquappen, Schmetterlinge und Libellen, die genau jetzt aus ihrem Kokon steigen…)

Staunen ist ein medizinischer Alleskönner. Wer staunt, schüttet Glückshormone aus, erlebt einen innerlichen Ausgleich und kann damit scheinbar sogar die Entzündungswerte in seinem Blut regulieren. Wer staunt, ist im Außen orientiert und erkennt das große Ganze. Dadurch schrumpft die eigene Bedeutung auf ein gut aushaltbares Maß. Der US-Psychologe Dacher Keltner erklärt diesen Effekt über die Funktion des neuronalen Netzwerks. Staunen geschieht im Hirn dort, wo Grübeln und Selbstreflexion geschehen. Während wir staunen, setzen wir uns zwangsläufig ins Verhältnis zu etwas viel Größerem, lösen die Grenzen unseres Selbst und nehmen uns augenblicklich weniger ernst. Gleichzeitig Grübeln und Staunen ist eher schwierig. Ähnlich positiv, aber nach innen gerichtet funktionieren Stolz und Zufriedenheit. Die Idee: Im Außen beginnen, um Zugang zum Innen zu finden.[6]

*Mehr dazu:*

*"Awe: The Transformative Power of Everyday Wonder" von Prof. Dacher Keltner bei Penguin Books*

In Wald oder Park sind wir gezwungen, unsere Schritte zu bedenken. Die Bodenbeschaffenheit wechselt, es können Wurzeln den Weg überspannen. Die Geräuschkulisse bleibt sanft, aber nicht vorhersehbar. Riechen und Tasten geschieht bewusster. Das Gefühl für Wachstum und Veränderung, für natürliche Zusammenhänge und deren Einfluss auf unseren Körper lässt uns ein Teil des großen Ganzen werden. Wir spüren und so sind wir. Sinn wird greifbar. Erst wer seinen Körper spürt, kann darin seine Seele finden.

Spüren beginnt auf der Basis einfacher Empfindungen. Temperatur, Nässe, Vibration. Erst dann kann der Körper erfahren werden. Der Körper, mit dem wir handeln. Bewegung ist Veränderung. Wir können etwas verändern, bewirken mit jeder Entscheidung eine neue Ausrichtung der Welt um uns herum. Sie wäre ohne das eigene Tun eine andere. Durch das Erleben der Veränderung kommen wir in Kontakt mit uns selbst. Was wir bewirken, ist ein Spiegel dessen, was wir sind. Und so finden wir letztendlich den Kontakt zu unserem Selbst, unseren Hoffnungen und Träumen.

## PSYCHOTHERAPIE

Eine Depression kann über unterschiedliche psychotherapeutische Verfahren angegangen werden. Gearbeitet wird über angemessene Gesprächstechniken und gesteuerte Selbstbeobachtung. Die Ziele sind grundsätzlich ähnlich. Dem Patienten werden Strategien und Kompetenzen im Umgang mit sich und anderen vermittelt, wobei er angehalten ist, seine Handlungen zu beobachten, sodass er in der Praxis weiß, was ihn warum wozu führt. Es können Überzeugungen hinterfragt werden. Manchmal werden Werte stabilisiert oder Erfahrungen korrigiert. Das Gespräch kann durch Aktivitäten gestützt sein. Symbolische Handlungen, Rollenspiele, künstlerische Darstellung … das Spektrum ist weit gefächert, sodass jedem Patienten ein für ihn passendes Angebot gemacht werden kann. Für die Behandlung der Depression hat sich eine Kombination aus kognitiver und Verhaltenstherapie etabliert, was weiteren Ansätzen und Konzepten nicht die Wirksamkeit absprechen soll.

- die Verhaltenstherapie ist als aktiv übendes Verfahren zu verstehen, bei dem Verhalten beobachtet und angepasst wird
- die kognitive Therapie hinterfragt schwerpunktmäßig Denkmuster und die innere Logik

- die interpersonelle Therapie sucht den Schwerpunkt in der Diskussion der zwischenmenschlichen Beziehungen des Patienten
- die Gesprächstherapie nach Rogers zielt eher auf die Entfaltung innerer Bedürfnisse ab
- in der Tiefenpsychologie stehen vergangene bzw. festgefahrene innere Konflikte im Mittelpunkt

*Gruppentherapie und Einzelgespräche werden im Idealfall kombiniert. Es kann den Patienten helfen, über die Aussagen anderer zu sich selbst zu finden. Anfangs kann die Gruppensituation jedoch sehr fordernd sein, sodass zunächst im Einzelgespräch gearbeitet wird. Hier orientiert sich das Modell der Wahl ganz am Patienten.*

# FALSCHE FAKTEN

Trotz flächendeckender Aufklärung werden depressive Erkrankungen noch immer als wehleidige Schwäche ausgelegt. Spüren auch Sie in sich eine gewisse Abwehr gegenüber der Diagnose, ist es ratsam, zunächst das eigene Weltbild zu hinterfragen. Eine echte Stütze sind Sie dem Betroffenen nur, wenn Sie authentisch hinter ihm stehen. Fragen Sie sich, was Sie meinen, über die Erkrankung zu wissen und versuchen Sie, dieses Wissen auf Fakten hin zu überprüfen. Praktisch alle gängigen Vorurteile lassen sich über Studien und Erfahrungsberichte widerlegen.

Machen Sie ihre Unsicherheiten zunächst mit sich aus. Haben Sie ein inneres Bild zu den Prozessen der Erkrankung entwickelt, können Sie dem Betroffenen deutlich sicherer gegenübertreten. Machen Sie sich bewusst, dass die Menschen in Ihrem Umfeld bestimmte Vorurteile womöglich noch nicht überwunden haben. Zudem hat jeder ein Recht auf seine eigene Meinung.

Rechtfertigungen sind Krafträuber, die Sie nicht brauchen können. Stehen Sie zu Ihren Überzeugungen, aber sparen Sie sich das Missionieren über den engen Kreis des Betroffenen heraus.

In unserer Gesellschaft haben sich über Jahrtausende hinweg zahlreiche negative Glaubenssätze zu psychischen Erkrankungen gefestigt. Sie werden dies kaum über Nacht ändern können. Leben Sie Ihre Einsichten, bleiben Sie offen für direkte Nachfragen, aber nehmen Sie die Meinung fremder Menschen nicht persönlich. Es wird weder Sie noch den Betroffenen weiterbringen.

Geraten Sie nicht in die Falle der Doppelanpassung. Äußern Sie sich nicht abwertend über den Erkrankten, nur um dazuzugehören oder das Gesicht zu wahren. Damit verlieren Sie auf beiden Seiten Vertrauen und werten sich obendrein vor sich selbst ab. Klare Haltung ist gefragt.

## Typische Vorurteile gegenüber Depressionen

Es sind derart viele Falschannahmen über die Erkrankung im Umlauf, dass hier unmöglich auf alle eingegangen werden kann. Ein paar typische Aussagen können aber vielleicht an dieser Stelle noch entkräftet werden.

*"Depressive Patienten sind wie rohe Eier. Pass bloß auf, was du sagst, sonst machst du alles nur noch schlimmer."*

Es stimmt, unter der Depression wird das negative Erleben verstärkt wahrgenommen. Allerdings kann auch Zurückhaltung und Schonung negativ gewertet werden. Trauen Sie dem Betroffenen besser etwas zu. Beziehen Sie ihn ein, ohne ihn zu bedrängen. Alles andere treibt ihn nur weiter in die Selbstabwertung hinein.

*"Depressive müssen erst alle Phasen der Erkrankung durchlaufen haben, bevor Heilung einsetzen kann."*

Depressionen sind weder im DSM-5 noch im ICD-11 nach Phasen klassifiziert. Die Erkrankung verläuft individuell und selten vorhersehbar. Im Kontext mit der klinischen Psychiatrie wird der Begriff lediglich für wieder auftretende Episoden genutzt. Dennoch kursieren im Netz vermehrt Hinweise auf das "5 Phasen Modell der Depression". Ignorieren Sie dieses.

*"Die sind doch alle verweichlicht. Nichts halten die Leute mehr aus. Wir sind wenigstens noch ordentlich abgehärtet!"*

Das Gegenteil ist der Fall: Gerade Menschen, die viel leisten und hohe Ansprüche an sich selbst erheben, haben ein erhöhtes Depressionsrisiko.

*„Depressive sind grundsätzlich melancholische Menschen mit einem Hang zur Schwarzseherei. Einem Sonnenschein wie dir kann so etwas nicht passieren."*

Weit gefehlt. Wer seine Emotionen lebt, die hellen wie die dunklen, hat die besten Chancen, dem dunklen Dämon zu entkommen. Überzogene Fröhlichkeit oder gar das Verdrängen von Sorgen und Ängsten ist der beste Garant für psychische Erkrankungen.

*"Depressionen sind die Folge von Erziehungsfehlern. Sie kommen deshalb in armen Gesellschaftsschichten und bildungsfernen Milieus häufiger vor."*

Die "Erziehungsfehler" sind nicht sooo weit hergeholt. Vernachlässigte und überbehütete Kinder haben es schwerer, schützende Resilienzfaktoren aufzubauen. Aber: Ungünstige Familienkonstellationen sind unabhängig von Vermögen und Bildungsgrad. Und: Viele Kinder mit ungünstigen Voraussetzungen erweisen sich tatsächlich als außergewöhnlich resilient, wohingegen sich bei einer nicht geringen Anzahl der von Depression Betroffenen keinerlei Auffälligkeiten in der Kindheit abzeichnen.

*"Wer eine Depression entwickelt, hat sich nicht genug um sich selbst gekümmert"*

Zeiten der Selbstfürsorge zu etablieren, ist ein wesentlicher Schritt aus der Depression heraus. Die Erkrankung selbst jedoch entsteht aus einem Zusammenspiel zahlreicher Faktoren heraus. Selbstvernachlässigung ist eher die Folge anderer ungünstiger Bausteine. (z.B. fehlende Entspannungsstrategien, Überlastung durch veraltete Rollenmodelle, Leistungsdruck…) Was stimmt: Eine gute Selbstfürsorgefähigkeit erleichtert den Umgang mit den Symptomen einer Depression.

*"Miese Stimmung ist bei Hormonschwankungen normal."*

Vorsicht: Natürlich darf in der Pubertät phasenweise alles doof sein. Selbstverständlich ist der Schlafmangel mit einem Säugling im Wochenbett stressig und auch dass Frauen in den Wechseljahren eine Sinnkrise erleben, liegt im Toleranzbereich. In keiner dieser Situationen sollten die Betroffenen jedoch die Lebenslust verlieren. Teenager distanzieren sich von ihren Eltern, sind vielleicht ablehnend gegenüber altbackenen Strukturen und rebellieren gegen Schulzwang. All diese Dinge erfordern aber Energie. Sie zeugen von innerem Antrieb. Totaler Rückzug und extremes Desinteresse hingegen sind Alarmzeichen. Die Hormone können unsere Stimmungen durcheinanderwerfen. Klar ist das normal. Dass wir deshalb aber total abstürzen, ist nicht Sinn der Sache. Hier kann die Hormonkrise zum Auslöser einer Erkrankung werden, die schon länger unter der Oberfläche brodelt.

*"Einsame Menschen erkranken an Depressionen"*

Fehlende soziale Einbindung ist definitiv ein Risikofaktor für die Entstehung einer Depression. Allein ist aber nicht gleich einsam und Gruppenkontakt noch lang nicht Anschluss. Wer sich nicht mit den anderen Gruppenmitgliedern identifizieren kann, fühlt sich auch unter Meschen einsam. Andersherum ist der Drang nach Austausch nicht bei allen Menschen gleich stark ausgeprägt. Manch einer genießt die Stunden ohne soziale Zwänge. Soll heißen: Für die Befriedigung unserer sozialen Bedürfnisse ist "dabei sein" nicht alles. Einige, als angenehm empfundene, regelmäßige Kontakte sind für uns alle wichtig, Massenevents nicht. Wer allerdings ein starkes Mitteilungsbedürfnis hat und keinen Austausch findet, kann durchaus so sehr leiden, dass diese Empfindung eine Depression begünstigt.

# BLEIBEN SIE REALISTISCH

Es ist großartig, dass Sie sich offensichtlich entschlossen haben, jemandem mit Depressionen beizustehen. Bevor wir im dritten Teil zu ganz konkreten Alltags-Hacks übergehen, eine wesentliche Schlussfolgerung aus dem, was Sie bisher erfahren haben:

*Sie allein werden niemanden heilen.*

Ihre Liebe und/oder Freundschaft ist ein absolut wichtiger Baustein auf dem Weg hinaus aus der Dunkelheit. Aber Sie sind weder Arzt noch Therapeut. Als enger Vertrauter fehlt Ihnen der Blick von außen. Sie sind Teil der Komfortzone des Patienten. Damit er sich selbst und seine Erkrankung mit Abstand betrachten kann, wird er diese Komfortzone verlassen müssen.

Das therapeutische Team stellt Ihrem Angehörigen in diesem Sinne eine neutrale Versuchszone entgegen. Er findet hier angemessene Anregungen und Herausforderungen, wird mit Themen konfrontiert, die Sie ihm bewusst nie zumuten würden – und das alles ohne die Folgenschwere und die sozialen Komplikationen der Alltagswelt. Zudem wird er medizinisch unterstützt und sachlich zu seinen Lebensumständen beraten. Lassen Sie ihm diese Welt als Heilungsort und dringen Sie in diese Zone nur vor, wenn Sie darum gebeten werden.

Ihre Rolle ist die eines Ankers, die Verbindung zum realen Alltag des Patienten. Ihre Ziele können in der Hilfe zur Umsetzung erlernten Wissens und in emotionaler Unterstützung liegen. Sie können hier und da ein wenig justieren, etwa wenn es darum geht, den Druck aus Verantwortungen zu nehmen oder den Alltagsstress zu reduzieren. Sie sind bei alledem jedoch nie verantwortlich für die Heilung des Patienten.

# #12 TIPP: DEPRESSION VS. BURNOUT

Ein wesentlicher Punkt, den Sie immer gern auch in der Diskussion mit eventuellen Zweiflern anbringen können: Eine Depression lässt sich nicht allein durch Beseitigung der aktuellen Auslöser beheben. Die Idee, etwas Ausschlafen, ein Ortswechsel und angepasste Arbeitszeiten würden schon alles wieder hinbiegen, hält sich sehr hartnäckig. Grund könnte eine Verwechslung sein. Ein Burnout wird nämlich genauso angegangen. Burnout und Depression sind aber zwei verschiedene Paar Schuhe.

> *„Burnout ist ein Syndrom, das als Folge von chronischem Stress am Arbeitsplatz konzeptualisiert wird, der nicht erfolgreich bewältigt wurde.*
> *ICD-11 QD85 Burnout*

Es ist durch drei Dimensionen gekennzeichnet:

1. Gefühle der Energieerschöpfung oder Erschöpfung
2. Erhöhte mentale Distanz zur Arbeit oder Gefühle von Negativismus oder Zynismus in Bezug auf die Arbeit
3. Ein Gefühl der Ineffektivität und des Mangels an Leistung.

Burnout bezieht sich speziell auf Phänomene im beruflichen Kontext und sollte nicht zur Beschreibung von Erfahrungen in anderen Lebensbereichen verwendet werden.

Burnout beruht per Definition auf Stress und Überforderung. Hier sind Pausen und Veränderungen in der Lebensführung durchaus die Lösung. Wer ausgebrannt ist, erlebt sich als kraftlos, emotional erschöpft. Auf eine gefühlte Unfähigkeit folgt die tatsächlich verminderte Leistungsfähigkeit. Betroffene berichten von anhalten-

> *Nähere Informationen finden Sie in der deutschen Online-Version des ICD-11*
>
> *https://www.bfarm.de/DE/Kodiersysteme/Klassifikationen/ICD/ICD-11/uebersetzung/_node.html*

dem Stress. Ihr Tonfall wird zynisch, alles geht sofort an die Nerven, wodurch die Zündschnur immer kürzer wird.

Diese Überlastungserfahrung beruht auf dem tatsächlichen Erleben. Das Arbeitspensum übersteigt die Grenzen des Möglichen. Die Betroffenen profitieren von Umstrukturierungsmaßnahmen. Angriffspunkte sind Tagesstrukturen, Arbeitszeiten und vor allem auch Erwartungen. Auch Mütter müssen schlafen. Tagsüber ununterbrochen zugewandt und nachts konzentriert und wach am Laptop zu sein, funktioniert nicht dauerhaft. Ein Topmanager zu sein ist nicht gleichbedeutend mit Selbstausbeutung. Es geht also um Lernprozesse und Zeitmanagement.

Da Burnout bei entsprechender Veranlagung aber auch in die Depression führen kann, ist die Auseinandersetzung mit diesem Thema nicht verkehrt. Eine ausgeglichene Work-Life -Balance verringert das Risiko für Rückfälle und erleichtert im Zweifelsfall den Umgang mit neu auftretenden Episoden.

# PRAKTISCHE HINWEISE FÜR DEN ALLTAG

## WAS GEHT, WENN NICHTS GEHT?

Das Erleben einer Depression ist beeinflussbar. So wie die Erkrankung den Alltag prägt, können alltägliche Verrichtungen den Krankheitsverlauf verändern. Denken und Erleben tragen wesentlich zur psychischen Stabilität bei. Als Angehöriger haben Sie die Chance, Ihre Beobachtungen mit dem Betroffenen zu teilen. Sie können ihm helfen, Warnzeichen im Blick zu behalten und Selbsthilfebemühungen tatkräftig unterstützen.

### ALLGEMEINE ANGRIFFSPUNKTE

Beobachten Sie zunächst in Ruhe, wo die Schwierigkeiten Ihres Angehörigen liegen. Eine Depression fällt, wie gesagt, je nach Charakter unterschiedlich aus. Einem introvertierten Menschen etwa werden Sie keinen Gefallen tun, wenn Sie ihn zwei Mal die Woche in die Karaokebar schleppen.

Fokussieren Sie Ihre Bemühungen auf die Teilgebiete:

- » Mitwisserschaft und Reflexion
- » Bewältigungsstrategien, Psychoedukation

- soziale Faktoren, Austausch
- Naturnähe schaffen und erleben
- religiöse Bindung, Glauben, höhere Werte
- sportliche Aktivität, Bewegung
- Ziele, Perspektiven, Selbsteinschätzung

## Guter Rat und schlechter Rat

Kennen Sie die wunderbare Wirkung von "Bleib ruhig!"? Genau, man möchte sich direkt auf den Sprecher stürzen. Von wegen ruhig. Hat man sich einmal ordentlich reingesteigert, wird dieser Rat genau das Gegenteil bewirken. Sind Sie auf 180, können Sie nicht aus dem Stand entspannen. Das ist körperlich nicht möglich. Ähnlich verhält es sich mit depressiven Symptomen.

Der Erkrankte kann sich nicht "mal zusammennehmen". Er "schaltet nicht einfach ab". Noch weniger "lächelt er, nur für Sie". Er weiß einfach nicht, wo diese Regungen herkommen sollen. Beharren Sie auf diesen unmöglichen Aufforderungen, verstärken Sie die krankheitsbedingten Schuldgefühle. Was Sie sagen, hat Gewicht. Wie Sie es sagen, wiegt umso schwerer. Verständlicherweise werden Sie diesen Hinweis zunächst nicht als hilfreich empfinden, aber um dieses Problem kommen wir einfach nicht herum.

**Fazit für Sie**

- Ersetzen Sie Verpflichtungen durch Angebote.
  - Nicht gut: "Sprich über deine Gefühle! Du musst mit mir reden, wenn ich dir helfen soll."
  - Besser: "Darf ich mich zu dir setzen? Nur, wenn dir gerade danach ist..."
- Vermitteln Sie Akzeptanz für die Erkrankung.
  - Nicht gut: "Versprechen darf man nicht brechen. Du hast mir versprochen, dass wir zusammen laufen gehen!"
  - Besser: "Wenn dir heut die Kraft zum Joggen fehlt, probieren wir einfach einen Spaziergang."
  - Nicht gut: "Du bist ja mit der Wäsche (dem Abwasch, dem Anziehen...) immer noch nicht fertig!? Nimm dich doch

einfach zusammen und mach!"
- Besser: "Bleib in deinem Tempo. Es ist ok, wenn du Zeit brauchst."

» Zeigen Sie Verlässlichkeit.

- Nicht gut: "Ich komm die Woche mal vorbei"
- Besser: "Wir sehen uns am Dienstag um 10 Uhr. Wenn etwas dazwischen kommt, telefonieren wir kurz. Ich würde dann das Treffen auf Mittwoch verschieben."
- Nicht gut: "Wenn ich Zeit habe, schaue ich mir das Problem später an."
- Besser: "Der Laptop fährt sich fest? Damit würde ich mich gern konzentriert beschäftigen. Wir setzen uns nach dem Abendessen zusammen. Ok?"

» Der Beziehung Sinn verleihen.

- Nicht gut: "Du bist mir nicht zu viel. Du bist meine Mutter. Ich kann dich kaum hier sitzen lassen."
- Besser: "Wenn ich Vanillezucker rieche, denk ich sofort an dich. Natürlich bin ich gern mit dir zusammen, erst recht, wenn wir in deiner Küche sitzen. Da fühl ich mich zu Hause."

» Nehmen Sie den Druck raus.

- Nicht gut: "Die Katze verhungert, wenn du sie nicht fütterst."
- Besser: "Ich schau für den Rest der Woche nach den Tieren, wenn du magst. Sagst du mir bitte beim nächsten Mal gleich Bescheid, wenn es dir so schlecht geht? Dann können wir uns direkt absprechen."

» Bleiben Sie ehrlich.

- Nicht gut: "Ich weiß wie du dich fühlst und bin natürlich immer gern für dich da."
- Besser: "Ich verstehe das Problem noch nicht ganz. Erklärst du mir, worum es geht?" bzw. "Ich unterstütze dich gern, muss mich um meine Angelegenheiten aber auch kümmern. Lass uns überlegen, wer uns helfen kann, damit wir beide gut zurechtkommen."

» Relationen setzen.

  › Nicht gut: "Das stimmt doch gar nicht. Du bist nicht doof. Dir ist nur was doofes passiert. Steh drüber!"
  › Besser: "Das glaub ich dir: Die letzte halbe Stunde ist wirklich mies gelaufen. Gut, dass der Tag noch 10 Stunden hat, die deutlich besser werden können."

## Fortschritte wollen gesehen werden

Es geht zunächst ums Anfangen und Dranbleiben. Irgendjemand sollte endlich irgendetwas tun. Findet sich sonst niemand, sind Sie dieser jemand. Was Sie tun ist motivieren und bestärken. Klingt nach wenig, ist aber viel.

Nur, wenn ich Bestärkung (= Belohnung) erfahre, behalte ich ein Verhalten dauerhaft bei. Belohnung ist also ein wesentlicher Faktor, wenn sich ein Verhalten ändern soll. Ein gutes Gefühl, Vorteile, Bestätigung. Der Mensch ist ein soziales Wesen. Als solches setzt er sein Tun mit dem seiner Mitmenschen in Kontext. Werden wir nicht gesehen oder sogar abgelehnt, kommen uns Zweifel an unseren eigenen Annahmen.

Aber Achtung: Das Feedback unserer Mitmenschen kann im Sinne von Lob und Zuwendung aus der Depression herausführen. In Form von Abwertung, Ungeduld und sozialen Nachteilen (z.B. Arbeitslosigkeit) wird es zu einem ungewollten Verstärker.

Grundsätzlich geht es bei diesem "Gesehen-werden-wollen" um die Bestätigung der eigenen Existenzberechtigung. "Ich bin gut." oder "Ich bewirke etwas." Solche Annahmen wirken antreibend. Sie befriedigen Bedürfnisse wie Anerkennung, Sinnstreben und Austausch.

"Ich bin eine Last.", "Ich mache alles falsch." und "Ohne mich wäre die Welt besser dran." hingegen sind Schlussfolgerungen, die den Lebenswillen hemmen. Die angesprochenen Bedürfnisse bleiben unbefriedigt und bekommen so mehr und mehr Gewicht.

Finden wir keinen Ausweg aus dieser Situation, reagieren wir gehemmt, orientierungslos, hilflos. Hier kann die Schwere entstehen, die für depressive Patienten so typisch ist. Sie finden keinen Weg, grundlegende Bedürfnisse zu befriedigen und stellen damit ihre Versuche irgendwann ein. Der Weg aus diesem Dilemma heraus ist anstrengend. Jeder noch so kleine Schritt muss mit dem inneren Schweinehund diskutiert werden.

**Fazit für Sie**

- » Loben Sie die Bemühungen Ihres Angehörigen! Seien Sie derjenige, der sieht, dass heute der erste Nicht-Pyjama-Tag seit Wochen ist.
- » Machen Sie sich klar, dass an dieser Stelle die Haare nicht gestylt sein müssen. Heilung erfolgt in kleinen Schritten.
- » Betonen Sie (ohne Übertreibungen) die guten Punkte. So ehrlich wie möglich. "Ich mag den blauen Pulli. Steht dir so gut wie eh und je" genügt vollkommen, um eine positive Resonanz zu erzielen.

## Unterstützen nicht Übernehmen

Regen Sie zur Betätigung an, statt dem Betroffenen alle Aufgaben abzunehmen.

Ein wesentlicher Angriffspunkt für Helfer besteht darin, Aktivität zu ermöglichen. Aktivität können wir uns als ein Ergebnis der Suche nach Bedürfnisbefriedigung vorstellen. Bedürfnisbefriedigung erzeugt gute Stimmung. Aber: Aktivität muss sich lohnen. Wissen wir, dass sich Aktivität lohnt, beginnen wir eine Handlung bereits in der Vorfreude auf das Ergebnis mit guter Stimmung. Dank der gehobenen Stimmung können genau die Botenstoffe freigesetzt werden, die für den Anstoß von Aktivität notwendig sind. Gelingt die Aktivität, erleben wir Erfolg. Erfolgserlebnisse triggern Glücksgefühle. Wir hoffen auf weiteren Erfolg. Neue Aktivität wird möglich.

Problem: Das depressive Gehirn erwartet keine positive Entwicklung. Es geht immer von einem negativen Ergebnis aus.

Entsprechend nimmt der depressive Patient von vornherein weniger Aktivitäten in Angriff. Was man nicht tut, kann nicht belohnt oder bestätigt werden. Kein Lob, keine weitere Aktivität. Keine Aktivität, kein Lob. Auch präventiv sind deshalb Routinen, die Aktivität einfordern, das erste Mittel der Wahl. Die Prämisse lautet: Unlust ist kein Grund, etwas nicht zu tun. Der richtige Moment kommt nicht von selbst, der Betroffene muss ihn durch Überwindung der Unlust aus sich heraus erschaffen. Erst dann wird Veränderung möglich.

Im Fall wiederkehrender Depressionen lohnt es sich, den Betroffenen oder ihm nahestehende Personen nach den Erkenntnissen aus der letzten Phase zu fragen.

Rezidivierende Depressionen folgen nicht selten einem Muster. Negative Kreisläufe wiederholen sich, sogar Auslöser können dieselben sein.

Diese Schleifen lassen sich durch gerichtete Aktivität unterbrechen. Im Gespräch mit einem Therapeuten sind Informationen zu Handlungsmustern extrem wertvoll. Sie bilden den ersten Ansatzpunkt für Bewältigungsstrategien.

**Fazit für Sie**

» Wollen Sie Aktivität anregen (Termine wahrnehmen, Formulare ausfüllen, Beschäftigung mit Symptomen...) helfen Sie dem Erkrankten, indem Sie ihm den Überblick erleichtern oder die ersten Schritte einer Aufgabe vorbereiten. (z.B. eine Infoseite auf dem Laptop öffnen oder einen Termin im Kalender markieren)
» Beständigkeit gibt Sicherheit. Halten Sie an Ihren eigenen Strukturen fest, so geben Sie dem Betroffenen einen Rahmen, in dem er Halt findet. Das Mitmachen ist leichter, wenn man schon weiß, welcher Schritt als nächstes folgt.
» Zeigen Sie Vertrauen in die Fähigkeiten des Betroffenen. Bleiben Sie zuversichtlich – mit Zeit und Geduld ist Selbstständigkeit möglich.
» Regen Sie Handlungen an und lassen Sie diese dann gemäß den Vorstellungen des Betroffenen laufen. Er setzt um, nicht Sie. (Sie können kochen. Der Betroffene nimmt sich das Essen aber selbst und führt die Gabel selbst zum Mund.)
» Vergessen Sie nicht: Eine Handlung besteht aus einzelnen Schritten. Jeder Teilschritt, den der Patient selbst bewältigen kann, zählt als eigener Erfolg.

Fördern Sie die passive Haltung des Betroffenen, schaden Sie nicht nur ihm, sondern auch sich selbst. Ihr Aufgabenpensum steigt ins Unermessliche – zusätzlich zu Ihrem eigenen Alltag. Schon deshalb können Sie nur dort eingreifen, wo wirklich Not am Mann ist. Beachten Sie auch, dass es dem Betroffenen nicht hilft, wenn er zusehen muss, wie Sie selbst unter der Situation leiden. Dies würde seine Schuldgefühle nur verstärken.

**Woran sehen Sie, dass Sie Ihre Grenzen vernachlässigen?**

- Sie denken permanent an die Probleme Ihres Angehörigen.
- Sie versuchen den Betroffenen zu kontrollieren, aus der Angst heraus, er könnte sich etwas antun oder Probleme verursachen.
- Sie tun nichts für sich selbst, vernachlässigen Hobbys, Hygiene und Pausen.
- Sie machen einfach, was ansteht, ohne die Relevanz abzuwägen.

**Fazit für Sie**

- Halten Sie an Ihren üblichen Routinen fest.
- Gehen Sie Ihren Hobbys nach.
- Treffen Sie Ihre Freunde.
- Unternehmen Sie auch etwas allein.
- Halten Sie an gemeinsamen Plänen fest, auch wenn der Betroffene absagt. Sagen Sie ihm, es ist ok, wenn er heute nicht kann, aber ziehen Sie die Idee trotzdem durch.
- Organisieren Sie weitere Helfer und nehmen Sie öffentliche Unterstützung wahr.
- Distanzieren Sie sich gedanklich bewusst. Machen Sie sich klar, was in Ihrer Verantwortung liegt und was nicht. Was Sie ändern können und was Ihre Einflüsse übersteigt.

# SITUATION EINSCHÄTZEN

Bevor Sie in irgendeiner Form tatkräftig werden können, müssen Sie einen Blick für die Gesamtsituation bekommen. Nehmen wir an, die Situation ist Ihnen akut aufgefallen. Lebensgefahr besteht aktuell keine und der Betroffene sieht zumindest ein, dass er ein Problem hat.

## INAS GESCHICHTE TEIL 5

Beinahe zeitgleich mit dem Kippen der Gezeiten, strecken sich die Tentakeln des Seesterns. Seine Sinne wittern den rettenden Pool. Er will leben, mit aller Kraft. Aber er ist zu schwach. Wird er sich seinem Schicksal ergeben? Die wütende Falte auf Inas Stirn wird sichtlich tiefer. Sie will nicht, dass er aufgibt! Kämpf kleiner Stern! Vor ihrem inneren Auge sieht Ina sich nach dem Stern greifen. Aber ihre Hand ist zu schwer. Die Idee schafft es nicht in die Realität. Es bleibt beim Wollen. Der Stern wird steif, seine Farben verblassen. Die wenigen Sonnenstrahlen genügen, seine Haut beginnt zügig zu trocknen.

**Wie groß ist der bisherige Schaden?** Hier geht es zunächst um offensichtliche Katastrophen. Die Spanne der Bestandsaufnahme reicht von "Weiß nicht, kommt halt keine optimale Leistung." bis "Die Wohnung ist verwahrlost, der Postkasten quillt über und dass der Strom noch läuft, ist einzig dem Vermieter zu verdanken."

Sind die physiologischen Grundbedürfnisse erfüllt? Frei nach Maslow haben all unsere Bedürfnisse einen gemeinsamen Nenner. Sie lassen sich auf fünf Hauptgruppen herunterbrechen, die wiederum nach existenziellen Prioritäten geordnet werden. Bildlich ergibt sich die Form einer Pyramide. Ganz zuunterst im Fundament liegen die physiologischen Bedürfnisse: Schlaf, Hunger, Durst, Sexualität. Immer noch sehr wichtig schließen Sicherheitsbedürfnisse an. Auf diesen Ebenen befinden wir uns. Kann der Betroffene sich ganz grundsätzlich am Leben erhalten und ist seine Umwelt sicher?

Vergessen Sie die medizinische Grundversorgung nicht. Regelmäßige Medikamente, Hilfsmittel, Versorgungstermine. Es beginnt mit der kaputten Brille und endet beim Dialyse-Termin.

**Wie schätzt der Betroffene seine Lage ein?** Manchmal überrascht es, wie wenig Weitblick die Depression zulässt. Soll heißen: Nur weil Ihnen der Schimmel im Kühlschrank und das verwahrloste Bad sofort ins Auge fallen, muss es dem Betroffenen nicht genauso gehen. Zudem können Wissen und Einsicht fehlen. Fragen Sie behutsam nach. Sind Sie "nur" der Lieblingskollege, ist dem Betroffenen die Thematik eventuell zu privat.

**Welche Verantwortlichkeiten bestehen?** Erwachsene Menschen müssen zwangsläufig Rechnungen zahlen und das zu festgelegten Terminen. Sie sind beruflich eingebunden oder im Jobcenter zu Rückmeldungen verpflichtet. Kinder und Haustiere müssen versorgt werden, manchmal kommen pflegebedürftige Verwandte dazu. Tätigkeiten in Vereinen und Ehrenämter erfordern zumindest eine Absage für aktuelle Termine.

**Welche Hilfen laufen bereits?** Freunde und Kollegen kennen nicht immer alle Kontaktpersonen. Möglicherweise haben andere Bezugspersonen die Problematik bereits auf dem Schirm. (Ob Sie Ihre Schwiegertochter mögen oder nicht, spielt keine Rolle. Sorgt sie bereits umfassend für Ihren Sohn, sind konkrete Absprachen gefragt. Don't fix a running system.) Fragen Sie nach, bieten Sie Ihre Unterstützung an, bilden Sie Helferteams. Respektieren Sie aber auch, wenn Ihnen zunächst keine Aufgabe zufällt. Sie sind garantiert zu einem späteren Zeitpunkt wieder gefragt.

**Wo sehen Sie weiteren Unterstützungsbedarf?** Sehen Sie Lücken? Fällt ihnen auf, dass dem Betroffenen etwas zu viel wird? Können Sie ihm die Bitte um Unterstützung erleichtern? Werden offensichtliche Probleme dramatisch ignoriert? Natürlich sind Sie nicht selbst die Lösung für jedes Problem. Aber Sie können derjenige sein, der gezielt delegiert. Mitunter sind bereits vorhandene Helfer derart überfrachtet, dass ausgerechnet die offensichtlichen Schwierigkeiten übersehen werden. Es bringt wenig, einem Freund vorgekochte Mahlzeiten in den Kühlschrank zu stellen, wenn er schlicht vergisst, zu essen.

**Welche Hilfe ist der Betroffene bereit anzunehmen?** Vergessen Sie nicht: Ihr Angehöriger ist ein erwachsener Mensch. Außerhalb akuter Notfälle kann er selbst entscheiden, welche Hilfe er annimmt. Wägen Sie die Einflussnahme im Zweifel gemeinsam mit einem Mediziner ab.

## #13 TIPP:: PROBLEME ANSPRECHEN

Jetzt steht man da zufällig in der Tür und stolpert unvorhergesehen in eine Offenbarung. Erinnern Sie sich: Eine funktionelle Depression kann sich über Jahre hinter einer perfekten Fassade verstecken. Wird die Problematik aufgedeckt, stellt sich nicht automatisch Erleichterung ein. Das Versteckspiel ist nicht selten schamgesteuert. Der Betroffene sieht vielleicht ebenso deutlich wie Sie, dass er einfach nicht mehr kann, er wird sich diese Schwäche aber nicht unbedingt zugestehen. Manchen Menschen ist es ein absolutes Rätsel, warum die Welt aus heiterem Himmel so kompliziert wird. Sie sind überzeugt, einen Fehler gemacht zu haben. Schuld und Selbstzweifel sind große Themen innerhalb der Depressionsbehandlung. Es ist absolut nachvollziehbar, wenn Sie nicht wissen, wie Sie die Probleme am besten ansprechen. Folgende Herangehensweisen können Ihnen die Situation erleichtern:

### Aha-Momente ermöglichen

Kennen Sie das: Kleine Kinder, die auf einfache Blähungen reagieren, als wären sie dem Tod geweiht? Sie verstehen nicht, was mit ihnen geschieht, aber es ist definitiv schlecht und macht Angst. Und weil für Kinder Zeit noch ein ganz anderer Begriff ist, denken sie, das Schlechte bleibt für immer. Erst wenn sie erfahren, dass der Moment vorbei geht, lernen sie, wo das Bauchweh herkommt und was man dagegen tun kann. Irgendwann ordnen sie die Vorgänge als normale Verdauungstätigkeit ein und die Szene verliert an Dramatik.

Erlebt ein Erwachsener eine Erkrankung zum ersten Mal, muss er die Zusammenhänge genauso deuten lernen. Sein Verstand glaubt aber längst nicht mehr alles, was man ihm erzählt. Leichter fällt es ihm, andere Menschen zu beobachten und deren Erleben mit seinem eigenen zu vergleichen. Zudem werden Rückschlüsse aus der Entfernung möglich. Angst und Panik um das eigene Wohlergehen kommen erstmal nicht auf. Das Hirn kann das Gelernte klar analysieren.

Machen Sie sich diese Abläufe zunutze! Statt den Betroffenen direkt mit Ihren Befürchtungen zu konfrontieren, können Sie ihm Aha-Momente ermöglichen. Das können geöffnete Internetseiten, „vergessene" Flyer oder auch Filme sein.

**Beispiele für hilfreiche Filme und Bücher**

» Drama-Serie "Cake" zeigt eine mögliche Entstehungsgeschichte
» Film "Helen" zeigt die Situation der Angehörigen
» Film "Der Biber" zeigt, was Depression für Familien bedeuten kann
» Kurzfilme zu psychischen Erkrankungen vom "Institut Kinderseelen Schweiz" für Kinder
» Spezial von "Der Sendung mit der Maus" zum Thema Depression
» "Gibt es Pflaster für die Seele?" Buch von Dagmar Geisler
» "Was ist bloß mit Mama los?" Buch von Karen Glistrup
» die Comics von Zoe Thorogood
» Kurt Krömer "Du darfst nicht alles glauben, was du denkst"

## Die eigene Sicht als solche kenntlich machen

Egal, wie Sie ins Gespräch starten, wenn es darum geht, konkrete Symptome anzusprechen, bleiben Sie bei sich. "Ich habe beobachtet..." Bestenfalls können Sie ganz konkrete Beispiele nennen. "Warst du nicht sonst jeden Montag im Reitverein? Ich hab das Gefühl, du warst die letzten Montage generell hier zu Hause. Macht es dir keinen Spaß mehr?" "Ich sehe dich immer nur zwei Bissen essen, dann geht der Teller zurück. Muss ich mir Sorgen machen?"

Wichtig ist, die Tatbestände nicht in Vorwürfe zu verwandeln. "Ich sehe, (etwas) ist anders als sonst und bin (beunruhigt)." So bleibt Luft für Korrekturen. Natürlich kann es immer auch andere Gründe für Verhaltensänderungen geben.

Existieren solche aber nicht und decken sich Ihre Beobachtungen mit den typischen Symptomen einer Depression, können Sie im nächsten Schritt darauf hinweisen, wie typisch die Beschwerden sind. Bestenfalls haben Sie übersichtliches Infomaterial zum Krankheitsbild parat.

Wenn Sie über den Betroffenen reden, sprechen Sie von konkreten Verhaltensbeobachtungen. Sagen Sie dann, was in diesen Situationen in Ihnen geschieht. Lassen Sie das Problem nicht ziellos stehen. Formulieren Sie ein Ziel. Welche Veränderung würden Sie sich wünschen? Setzen Sie dabei an überschaubaren Zielen an. Vergessen Sie nicht, konkret nach der Sicht des Betroffenen zu fragen. Versteht er Ihre Sorge? Wo wünscht er sich selbst Verbesserung?

## Gesprächsatmosphäre schaffen

Sensible Gespräche lassen sich schlecht zwischen Tür und Angel führen. Haben Sie die Chance, ein Gesprächsszenario gezielt zu planen, setzen Sie auf eine vertrauensvolle Atmosphäre.

- » Wählen Sie einen Zeitraum, in dem Sie nicht von weiteren Menschen gestört werden.
- » Reduzieren Sie ablenkende Umgebungsreize.
- » Wägen Sie gut ab, ob Sie sich besser voll und ganz aufeinander konzentrieren wollen oder doch lieber eine Aktivität anregen, durch die Gesprächspausen natürlich integriert werden können. (Spaziergang, Mahlzeit…)
- » Zeigen Sie Vertrautheit auf, indem Sie ein Getränk oder etwas zum Knabbern bereitstellen, das der Betroffene wirklich gern mag.
- » Versichern Sie sich, dass genügend Zeit bleibt und keine dringenden Termine das Gespräch abwürgen können.
- » Beginnen Sie emotional berührende Gespräche nie aus dem Streit heraus.
- » Formulieren Sie Ihre Aussagen uneigennützig.
- » Gehen Sie mit einem klaren Ziel in das Gespräch.
- » Blickkontakt sollte unkompliziert möglich sein.

Soweit so gut. Aber was, wenn gar nicht erst ein Gespräch zustande kommt? Es kann viel Geduld erfordern, zu jemandem vordringen zu wollen, dem jedes Wort zu viel ist. Zudem tut es weh, wenn die Lieblingsmenschen Zweifel an der psychischen Gesundheit hegen. Egal, was Sie wirklich denken und wie Sie es formulieren, ein bisschen „Läufst du noch ganz sauber?" klingt immer mit durch. Je kompetenter der Mensch, umso härter das Eingeständnis. Die Reaktion kann dann sehr unterschiedlich ausfallen.

## SZENARIO 1
## ERLEICHTERUNG, DIE WORTE SPRUDELN GERADEZU AUS DEM BETROFFENEN HERAUS

Es kann unheimlich erleichternd sein, ein Problem endlich aussprechen zu dürfen. Der Knoten platzt und alles muss raus. Ergibt sich solch eine Situation, lassen Sie Ihren Angehörigen reden! Korrigieren Sie nicht, holen Sie ihn höchstens bei Abschweifungen zurück ins Gespräch. Dazu können Sie Fakten anbringen, die Sie zuvor recherchiert haben. Bleiben Sie unbedingt aktiv im Gespräch.

### GESPRÄCHSLEITFADEN

Do

- » ausreden lassen
- » aktiv zuhören (nicken, kurze Bestätigungen)
- » bei Abschweifungen sanft zurückführen
- » Verständnis zeigen („Das klingt sehr viel auf einmal.")
- » präsent bleiben (nicht „abschalten")

Don't:

- » unterbrechen oder korrigieren
- » vorschnell analysieren oder einordnen
- » Lösungen anbieten
- » Gespräch an dich ziehen
- » Ungeduld zeigen

## SZENARIO 2
## DAS GESPRÄCH WIRD EINFACH ABGEBROCHEN

Halten Sie zunächst die Stille aus. Mitunter kommen nach einer Atempause weitere Worte, mit denen Sie arbeiten können. Verlässt Ihr Gesprächspartner den Raum, lassen Sie es zunächst gut sein. Gehen Sie zum Tagesplan über und versuchen Sie, die Problematik in einem anderen Moment wieder aufzugreifen.

## Wie vermeiden Sie diese Situation?

Depressive Menschen fühlen sich schnell in die Enge getrieben und haben zudem Probleme mit Entscheidungen. Formulieren Sie deshalb offene Fragen, die zu weiteren Erklärungen anregen. Lassen Sie knappe, wegwerfende Aussagen nicht einfach stehen. Dasselbe gilt für abwertende Gesten. Hinterfragen Sie diese Reaktionen. Wenn ein von Ihnen benanntes Problem mit einer wegwerfenden Geste kommentiert wird, fragen Sie, wie diese gemeint ist. Ob die betroffene Person etwa das Problem nicht sieht oder es einfach nicht wichtig findet? Zeigen Sie Anerkennung, wenn der Betroffene sich öffnet. "Ich freue mich, dass du mir vertraust." oder "Ich bin erleichtert, dass wir darüber sprechen können."

Gefühle sind immer wahr. Wenn Sie wissen wollen, wie sich Ihr Gegenüber fühlt, kommt es darauf an, alle Gefühle zu akzeptieren. Alles, was gesagt wird, ist an sich erst einmal berechtigt. Vermeiden Sie es, dem Betroffenen pauschal zu widersprechen. Ihre Urteile und Interpretationen sind in diesem Moment nicht gefragt. Bei Zweifeln können Sie um konkrete Beispiele bitten. Drastische Aussagen wiederholen Sie in Ihren Worten. So bekommt der Betroffene Raum, sich zu korrigieren, wird aber nicht gedrängt.

## GESPRÄCHSLEITDAFEN

Do

» Stille aushalten
» Raum geben, ohne sofort zu reagieren
» später erneut anknüpfen
» offene Fragen stellen
» kleine Signale wertschätzen („Gut, dass du das gesagt hast.")

Don't:

- Stille sofort füllen
- Druck aufbauen („Sag doch was!")
- Rückzug persönlich nehmen
- Gespräch erzwingen
- Thema komplett fallen lassen

## SZENARIO 3
## DER BETROFFENE DISTANZIERT SICH ZUNEHMEND

Vielleicht geht der Betroffene zunächst zögerlich auf ihr Gespräch ein, beginnt ein wenig von sich zu erzählen, distanziert sich dann aber immer stärker. Dieses Verhalten kann sich aus dem Gesprächsstil heraus ergeben. Ihre verbalen Vorgaben haben einen starken Einfluss auf die Nähe, die Sie Ihrem Gesprächspartner suggerieren. Durch das, was Sie sagen, machen Sie gewisse Vorgaben. Sie lassen Ihre Ziele durchklingen.

- Kennen Sie Ihre Ziele?
- Wenn nicht, geschieht dies ungesteuert?
- Wollen Sie den Betroffenen in eine Richtung weisen oder orientieren Sie sich an ihm und den Signalen, die Sie empfangen?

Depressive Menschen verharren in passiven Strukturen. Werden Sie fordernd und geben aus dem Gespräch heraus zwingende Handlungsanweisungen, wird diese Haltung verstärkt.

Der Betroffene darf seinem inneren Drang folgen und gibt alle Verantwortung an Sie ab. Er fühlt sich darin bestätigt, dass er nichts ausrichten kann. In seiner Interpretation haben Sie keine gute Meinung von ihm. Er zieht sich folgerichtig zurück. Die Angst vor Angriffen auf den Selbstwert übersteigt die Freude über das Unterstützungsangebot.

## GESPRÄCHSLEITDAFEN

Do

- flexibel reagieren
- eigene Ziele zurücknehmen
- Gespräch am Gegenüber ausrichten
- kleine Annäherungen fördern
- Beziehung aktiv im Blick behalten
- Verständnis für Rückzug zeigen

Don't:

- drängen oder lenken („Du solltest...")
- Lösungen vorgeben
- Kontrolle übernehmen
- Rückzug als Ablehnung werten
- zu viel auf einmal geben (Überforderung erzeugen)

Statt streng auf den eigenen Vorschlägen und Vorstellungen zu beharren, ist eine offene Haltung vielversprechender.

- Reagieren Sie flexibel auf die Aussagen Ihres Gegenübers.
- Lassen Sie Spielräume für Ängste und eigene Ideen.
- Akzeptieren Sie, dass zwei Menschen nicht dieselben Prioritäten setzen müssen.

Bleiben Sie freundlich und zugewandt – auch dann, wenn Sie den Betroffenen nicht beim ersten Anlauf zu Handlung motivieren können. Bedenken Sie: Wenn Sie beginnen, ungefragt die Befehlsmacht über das Leben eines anderen Menschen zu übernehmen, gehen auch Sie selbst auf Abstand. Sie werden hart, nehmen eine Sachlichkeit an, die auf "Durchziehen" programmiert ist. In diesem Modus werden die eigentlichen Bedürfnisse Ihres Gesprächspartners schnell übersehen.

### Inneren Abstand überwinden

Es ist ein reines Selbstschutzkonzept, innerlich zurückzutreten, wenn jemand unser Gesprächsangebot ablehnt. Wer uns aus dem Weg geht, muss doch Zweifel an uns hegen, oder? Du magst mich nicht, ich habe einen Fehler gemacht. Du ignorierst mich, dies ist nicht der Moment für Austausch. Reagieren Fremde derart abweisend auf uns, stufen wir sie direkt als unsympathisch ein.

Im Fall der Depression müssen wir diesen natürlichen Reflex umgehen. Der Betroffene handelt nicht aus einer Überzeugung bezüglich der bestehenden Beziehung heraus. Er interpretiert ganz allgemein selbstzentriert und negativ. Er kann nicht darüber hinwegsehen, was er im Jetzt wahrnimmt. Sie können. Nehmen Sie sich einen Moment und beantworten Sie nur für sich die folgenden Fragen:

» Worauf ist die Beziehung zu Ihrem Angehörigen gewachsen?
» Was mögen Sie an ihm?
» Was schweißt Sie zusammen?
» Wo sehen Sie diese Aspekte aktuell durchscheinen?

Haben Sie Ihre Gemeinsamkeiten wiedergefunden, können Sie sich damit motivieren: „Das hätte ich gern wieder!" Ist das „Wir" für Sie klar wahrnehmbar, können Sie im Alltag auf kleine Anzeichen für eine Bestätigung dieser Beziehung achten. Lässt es die Situation zu, sprechen Sie aus, was Ihnen durch den Kopf geht.

## Distanz durch Schuldgefühle

Nun kann es aber auch sein, dass sich trotz bewusster Kommunikation Distanz aufbaut. Manchmal wächst sie sogar umgekehrt proportional zum Umfang der Unterstützung. Hier könnte die Theorie vom Geben und Nehmen greifen.

Beziehungen werden durch ein gegenseitiges Geben und Nehmen gestärkt. Wer etwas bekommt, möchte etwas zurückgeben. Der Umstand spricht für Sie, wenn Sie beginnen etwas Kleines zu geben und sich Ihr gegenüber zur Erwiderung aufgerufen fühlt, wodurch Aktivität möglich wird. In Form von kleinen Gesten holen Sie Ihren Angehörigen auf diesem Weg in die Beziehung zurück.

Nun kann es aber auch anders kommen. Sie geben und der Betroffene kann nichts erwidern. Er spürt eine Last wachsen. "Ich fordere zu viel." Er zieht sich zurück, aus Angst, keinen Ausgleich schaffen zu können. Das Bedürfnis überfordert ihn.

Umgekehrt können auch Sie selbst aus der Situation heraus Widerstände verspüren, die Sie unbewusst ausstrahlen. Depressive Patienten sagen und tun mitunter Dinge, ohne die Folgen abzuwägen. Mal ist es eine Beleidigung, mal eine Tat, die für Sie zu unangenehmen Konsequenzen führt. Dem Betroffenen scheint es egal zu sein. Das kann weh tun. Egal, wie gut Sie zur Erkrankung informiert sind.

Eine negative Geste auszugleichen ist noch viel schwieriger als eine gute Tat zu erwidern. Es bedarf angeblich fünf positiver Taten, um eine schlechte auszugleichen. Dadurch wird das Ungleichgewicht in Ihrer Beziehung noch einmal verstärkt: Sie bekommen wenig bis gar nichts, der Betroffene immer mehr bis unverhältnismäßig viel. [7]

Um ein natürliches Gleichgewicht zu erreichen, können Sie

**A** die Gebenseite auf ein realistisches (annehmbares) Maß reduzieren (Kleine Gesten, aber oft.) oder/und
**B** die positiven Gesten des Betroffenen bewusst höher einstufen.

*Letzteres tun Sie in der eigenen Wahrnehmung, aber auch in Ihrer erkennbaren Reaktion auf das Verhalten des Betroffenen.*

Anerkennung zeigen. Jetzt ist überschwängliches Lob zurecht unangebracht. „Danke! Ich habe noch nie so einen tollen Salzstreuer in so kurzer Zeit gereicht bekommen. Und dieses perfekte Lächeln dazu?!" So ein Satz klingt verrückt und darauf sollte es auch nicht hinauslaufen. Was aber können Sie stattdessen tun? Zum einen könnten Sie auf ein körperliches Feedback zurückgreifen (liebevolle Blicke, freundliches Lächeln, Umarmungen, freundlicher Tonfall...), zum anderen könnten Sie Dankbarkeitsgesten einsetzen (etwas mitbringen, Lieblingsgericht kochen, Kaffee nachschenken, Decke reichen, an Mütze denken, etwas reparieren oder anfallende unliebsame Aufgaben mit anpacken).

## SZENARIO 4
## DER BETROFFENE REAGIERT ABWEISEND ODER BELEIDIGT

Zu einer Depression kann eine Kombination aus erhöhter Reizbarkeit und niedriger Frustrationstoleranz gehören. Einfach ausgedrückt: Die Betroffenen sind schneller genervt. Wut ist für 50 Prozent der an Depression erkrankten Menschen ein wesentliches Thema.[8] Das Faß ist rasch am Überlaufen. Je nach Naturell verwandelt sich Wut in Frust oder Hilflosigkeit, Tränen oder Aggression. Beleidigungen und abwehrende Gesten dienen in diesem Moment dem Schutz der eigenen Grenzen. Alles ist zu viel und es soll aufhören, damit sich die Systeme wieder ordnen können. Wer oder was genau diesem Prozess im Weg steht, ist in diesem Moment nicht relevant – es wird einfach blindlings abgewehrt.

### GESPRÄCHSLEITDAFEN

Do

» ruhig bleiben
» Abstand schaffen, wenn nötig
» Situation sachlich benennen
» eigene Gefühle klar äußern („Das ist mir gerade zu viel.")
» Gespräch ggf. pausieren und später fortsetzen
» klare Grenzen setzen

Don't:

» zurückangreifen
» emotional eskalieren
» alles persönlich nehmen
» Diskussion weiterführen im aufgeheizten Zustand
» wortlos gehen (ohne Einordnung)

Nehmen Sie deshalb Ablehnung und harsche Worte bitte nicht persönlich.

Während sich der Betroffene seiner Erkrankung bewusst wird, muss er sein Selbstkonzept vollständig überarbeiten. Erst recht, wenn die Symptome bereits über einen langen Zeitraum bestehen. Bin ich falsch? Bin ich gar nicht richtig ich? Das sind harte Fragen und was noch schlimmer ist: Es setzt sich die Idee durch, dass Veränderung notwendig wird. Veränderung liegt immer außerhalb der Komfortzone. Dort will niemand gern raus. Und der Kampf gegen sich selbst findet weit außerhalb der Grenzen statt. Das ist wie ein Angriff auf die innere Sicherheit. Geben Sie diesem Prozess Raum. Nichts, was hier geschieht, hat etwas mit Ihnen persönlich zu tun.

**Ruhe bewahren**
Trotzdem müssen Sie sich natürlich irgendwie verhalten, erst recht, wenn die Abwehr in Aggression umschlägt. Kippt die Laune, kommt es darauf an, sich nicht mitreißen zu lassen.

» Atmen Sie tief durch und fahren Sie zunächst sich selbst runter.
» Bleiben Sie auf einem neutralen Standpunkt.
» Zwingen Sie sich zur Ruhe.
» Sie können räumlich ein paar Schritte zurücktreten oder auch für einen kurzen Moment den Raum verlassen.

**Die Situation verbalisieren (unabhängig vom Gesprächsthema)**
Aufgeputscht können Sie kaum beruhigend auf jemand anderes einwirken. Sie können versuchen, die Situation sachlich und auf ihre Beobachtungen reduziert zusammenzufassen. Wo es passt, äußern Sie Verständnis für die heftigen Gefühle Ihres Gegenübers. Im Allgemeinen schildern Sie eher, wie Sie sich fühlen. Ob Sie Zurückweisung spüren oder sogar Angst haben. Sie könnten sagen, dass Ihnen die Lautstärke unangenehm ist.

Vielleicht verweisen Sie darauf, dass Sie in der Aufregung nicht klar denken können und das Gespräch gern später fortsetzen würden. Machen Sie klar, dass Sie eine Pause benötigen und wann Sie wieder zur Verfügung stehen. Eine Pause kann beiden Seiten helfen, emotional zurückzurudern.

Tritt plötzlich Wut außerhalb einer konkreten Gesprächssituation auf, überlegen Sie kurz, was dem Betroffenen im Lauf des Tages widerfahren ist. Wo könnte sich Frust angesammelt haben? Nutzen Sie Ihre Beobachtungen, um Ihr Verständnis an konkreten Tatsachen festmachen zu können. "Ich weiß, dass dir die Beschwerde des Nachbarn stark zugesetzt hat. An so einem Tag hätte ich auch nicht viel Geduld."

**Grenzen setzen und dennoch ansprechbar bleiben**

Gehen Sie aber nicht einfach wortlos aus der Situation. Versuchen Sie besser, einen Vorschlag für das weitere Vorgehen zu formulieren. Der Betroffene sollte sich nicht allein gelassen fühlen. Setzen Sie klare Grenzen. Sagen Sie, wenn etwas zu weit geht, bleiben Sie aber ansprechbar.

**Die Situation bereinigen**

Haken Sie die Situation im Anschluss nicht einfach ab. Gerade bei echten Meinungsverschiedenheiten fällt es mitunter schwer, zu sehen, wenn der Betroffene (trotz ungünstiger Wortwahl) einfach Recht hatte. Schlimmstenfalls hat er "auch Recht", d.h. Sie sehen die Dinge einfach verschieden, aber beide Meinungen sind legitim. Wer wirklich helfen will, muss solche Situationen aushalten können. Sie wollen schließlich nicht ihre Meinung durchsetzen, sondern Hilfe zur Selbsthilfe bieten.

Sprechen Sie die Situation dann einfach an. Formulieren Sie die unterschiedlichen Gesichtspunkte und geben Sie zu, dass man beide Meinungen nebeneinander stehen lassen kann. Ziel ist nicht immer Einigkeit, oft geht es lediglich um Austausch, das Abwägen von Optionen und schließlich den Anstoß von Aktivität.

Wie vermeiden Sie es, dass die erhöhte Verletzlichkeit des Betroffenen einem offenen Gespräch im Wege steht?

» Kritik wohlwollend formulieren und sich auf konkrete Beobachtungen beziehen.
» Legen Sie Veränderungen nicht einfach fest. Machen Sie Vorschläge, aber lassen Sie immer Verhandlungsspielraum.
» Treffen Sie verlässliche Absprachen. Kein "Ich dachte, das ist selbstverständlich." Sagen Sie konkret, was Sie erwarten und fra-

*Gut gemachte Site zum Thema Ansprechen:*

https://www.bitte-stoer-mich.de/

gen Sie nach den Erwartungen Ihres Gegenübers.

» Vermeiden Sie im Gespräch Verallgemeinerungen oder abwertende Bezeichnungen.
» Ignorieren Sie die Gefühlslage Ihres Gesprächspartners nicht. Sie können es ansprechen, wenn Ihnen jemand reizbarer erscheint als sonst. Fragen Sie einfach, was passiert ist.
» Versuchen Sie, die Aussagen, die Sie selbst aufregen, zunächst noch einmal in Ihren Worten zu formulieren. So erhält Ihr Gegenüber die Option, sich verständlicher auszudrücken oder zu korrigieren.
» Versuchen Sie zu hinterfragen, ob Ihre Argumente verstanden wurden.
» Vergewissern Sie sich, dass in einem ernsten Gespräch immer beide Parteien informativ auf derselben Höhe sind. Wir neigen dazu, Vorwissen vorauszusetzen.
» Achten Sie auf Anzeichen für Überlastung.

## #14 TIPP: DEPRESSION BEI MÄNNERN

Offiziell erkranken deutlich weniger Männer an Depressionen als Frauen. Glücklicherweise ist die Forschung inzwischen auf den Kieker gekommen, dass hier irgendetwas nicht stimmen kann. Ergebnis: Der Satz muss heißen: 50 Prozent mehr Frauen befinden sich in Behandlung. Erkrankte Männer werden gehäuft übersehen. Ganz einfach, weil sie die Depression anders erleben und außerdem als Frauenkrankheit einstufen.

### Wie sieht eine männliche Depression aus?

Männer erleben bei Entstehung der Depression grundsätzlich dieselben Symptome wie Frauen. Sie werden jedoch von anderen Erscheinungen überlagert, die zunächst viel deutlicher ins Gewicht fallen.

Mögliche zusätzliche Symptome:

» Reizbarkeit
» Aggressivität
» ausgeprägtes Risikoverhalten

» Suchtverhalten (Medien, Sport, Substanzmissbrauch)
» sozialer Rückzug ("Lass mich einfach in Ruhe!")
» leicht irritierbar
» anfallsartiger Ärger
» Abstreiten von Sorgen, gedrückter Stimmung
» Verantwortung bei anderen suchen

Mit diesen Verhaltensweisen externalisieren Männer ihre Probleme; sie tragen sie nach außen. Das typische Bild der Depression geht jedoch von einem internalisierten Verhalten aus. Der Ärger wird geschluckt und in Zweifel und Grübeleien umgesetzt. Dies ist eher typisch für Frauen.

## Wie entstehen diese Unterschiede?

Damit ist einer der Hauptgründe für die Unterschiede zwischen den Geschlechtern bereits genannt. Ob wir wollen oder nicht, wir stecken immer noch fest in althergebrachten Geschlechterrollen. Demnach soll eine Frau ruhig und bescheiden sein, wofür ihr jedoch zarte Gefühle wie Angst, Traurigkeit und Unsicherheit zugestanden werden. Der Mann hat zu kämpfen. Er ist stark und ein Gewinner im Job. Vor Konflikten schreckt er nicht zurück. Alles ist unter Kontrolle. Natürlich handelt er rational. Emotionen sind ein Frauending.

Erwartungen und Realität prallen für beide Seiten hart aufeinander – was umso paradoxer wird, da es inzwischen vollständig egal ist, ob ich an ein traditionelles oder gleichberechtigtes Rollenbild glaube. Beide Ideen stoßen auf Kritik, beide Ideen sind im Alltag nicht ohne Widerstände auslebbar. Die Gesellschaft steht hier an einer Schwelle. Es herrscht Orientierungslosigkeit. Das muss so, klar - ohne Chaos ist Neuordnung nicht möglich.

Für die Entstehung von Depressionen ist dieses Minenfeld an gesellschaftliche Erwartungen jedoch ein wunderbarer Nährboden. Es führt zu einem Festkrallen an einem einseitigen Weltbild. Tatsächlich sogar immer mehr an genau den Traditionen, die wir eigentlich längst dachten, überwunden zu haben.

Der Umstand verdeutlicht sich an "typisch männlichen" und "typisch weiblichen" Auslösern von Depressionen.

Männer verlieren den Halt,

- » wenn sie als Ernährer versagen,
- » wenn sie im Job nicht angemessen erfolgreich sein können
- » oder eine Scheidung das traditionelle Erwartungsbild zerstört.

*Die Emanzipation, die Frauen in Trennungssituationen eher stärkt ("Ich schaff das ganz modern allein!"), macht viele Männer fertig. Sie fühlen sich im Trennungsfall abgehängt, mitunter sogar unterlegen.*

Was wir dann sehen, ist nicht die Zunahme an männlichen Depressionsfällen. Dazu müssten die Männer sich ihre Angst eingestehen und außerdem noch einen Arzt aufsuchen. Zwei Dinge, die statistisch gesehen für einen „echten Mann" eher schwierig sind. Männer leiden lieber, als sich Therapeuten oder Ärzten auszuliefern.[9]

Weil nun aber Männer und Frauen gleichermaßen nur ein bestimmtes Maß an Leid ertragen, müssen die aufgestauten Emotionen irgendwo hin. Männer sind statistisch gesehen öfter von Süchten betroffen und begeben sich häufiger in Hochrisikosituationen. Hier sieht die Medizin eine bedeutende Überschneidung. Hier muss aufmerksam nachgefragt werden, denn hier fallen die männlichen Patienten aktiv auf.

Mehr zu dieser umfangreichen Thematik:

https://www.psychologie.uzh.ch/de/institut/ueber-uns/angehoerige/emeriti/klipsypt/andromind/M%C3%A4nnliche-Depression/Biologische-Komponenten-der-m%C3%A4nnlichen-Depression.html

https://www.meduniwien.ac.at/web/ueber-uns/news/detail/testosteron-bindet-stimmungsaufhellende-antidepressiva-im-gehirn/

Bitte darüber hinaus nicht vernachlässigen: Man darf auch die unterschiedlichen biologischen Ausgangsfaktoren nicht außer Acht lassen. Frauen sind von Natur aus starken Hormonschwankungen unterworfen, wodurch sie zumindest für vorübergehende Stimmungsschwankungen anfälliger sind.

Allerdings erlebt auch der männliche Körper im Laufe des Lebens hormonelle Katastrophen. Etwa die Pubertät oder der Testosteronmangel im Alter. Diverse Studien verweisen darauf, dass etwa ein Testosteronmangel, die Entstehung einer Depression bei Männern begünstigen kann.

## Welches Problem entsteht nun für männliche Betroffene?

Auch wenn Beratungsstellen für Sucht, Gewalt und Krisenintervention ein Auge auf die sekundären Warnzeichen haben, werden nicht mehr Männer mit Depressionen behandelt. Warum? Männer zögern lange, bevor sie bei Abhängigkeitsproblemen oder Aggressionsproblemen Hilfe suchen. Die Konsequenzen daraus sind dramatisch. Es scheint irgendwo ein ungeschriebenes Gesetz zu geben, das deutlich vorschreibt: Besser sterben als Schwäche eingestehen. Ein Großteil der registrierten Suizidfälle ist männlich. Der Zusammenhang zu akuten Belastungen, Abhängigkeitserkrankungen oder psychischen Problemen kann auffällig oft im Nachhinein rekonstruiert werden.

## Was muss geschehen?

Die Fragebögen in den Kliniken können Sie leider nicht ändern. Der Standard beläuft sich nach wie vor auf typisch weibliche Symptome.

- Haben Sie es mit traditionell geprägten männlichen Patienten zu tun, bemühen Sie sich um sachliche Informationsvermittlung.
- Stellen Sie Materialien zur Verfügung, die die Depression von typisch weiblichen Symptomen getrennt betrachtet.
- Es geht zunächst einmal darum, die Symptomatik aus der Ecke "Frauenkrankheit" herauszustellen.
- Verlagern Sie den Schwerpunkt Ihrer Beobachtungen. Achten Sie auf die oben genannten Symptome und versuchen Sie durch konkrete Beobachtungen oder respektvolle Fragen in Erfahrung zu bringen, ob darunter nicht doch weitere Problemstellungen verborgen liegen.

**Neue Rollen.** Um es ordentlich kompliziert zu machen: Männer, von denen Sie wissen, dass sie unbedingt als bekennende Feministen wahrgenommen werden wollen, können sich paradox verhalten.

Ebenso kann es Ihnen mit Frauen ergehen, die sich betont unabhängig geben. Im Zweifelsfall müssen Sie die typischen Geschlechterzuschreibungen genau umgekehrt denken. Das Ziel, eine Mitte, in der jeder dieselben Potenziale einbringt, wird durch diese Extreme nicht erreicht. Diese Erkenntnis kann mit Zweifeln und Selbstwertproblemen einhergehen. Ideal wäre eine neutrale Betrachtungsweise, zu der klassische und "typisch männliche" Symptome gehören. Ein Rundum-Check sozusagen.

## INAS GESCHICHTE TEIL 6

Die Möwe nähert sich kreischend ihrer hilflosen Beute. Noch beäugt sie die Menschenfrau misstrauisch. Ina hockt starr in sich zusammengesunken auf einem Stein am Rande des Tümpels. Die Möwe verbucht sie als ungefährlich. Entschlossen hüpft sie mit kecken Sprüngen näher an den Pool heran. Kaum sichtbar, werden ihre Fußabdrücke von den ersten zaghaften Wellen der Flut überspült. Siegessicher hakt der Vogel mit dem Schnabel nach dem einsamen Stern. Doch das Tier hat die Menschenfrau unterschätzt. Ina schnellt hoch.

Die Möwe nimmt Reiß aus und Ina ist verblüfft. So leicht ist ein Leben zu retten! Emsig führt sie ihr Tun fort, greift behutsam nach dem halbtoten Stachelhäuter und stößt ihn in ein kleines Rinnsal. Außer der schmalen Fließrinne deutet kaum noch etwas auf den Wasserpool hin. Die Oase ist untergegangen und nun Teil des großen Nass. Ina schaut sich um. Die Wellen brechen mit lautem Getöse über die Felsen hinein. Kleine Fische umschwärmen ihre durchweichten Schuhe. Das ehemals schlaffe Seegras umspielt leuchtend grün einen faustgroßen Einsiedlerkrebs. Das Leben ist zurückgekehrt.

# #15 TIPP: BEDROHLICHE LEBENSUMSTÄNDE

Hinweis / Disclaimer: Die folgenden Informationen dienen ausschließlich der allgemeinen Orientierung und ersetzen keine professionelle medizinische, psychologische oder rechtliche Beratung. Im akuten Notfall – insbesondere bei Anzeichen von Selbst- oder Fremdgefährdung – wenden Sie sich bitte umgehend an den Notruf (112) oder den ärztlichen Bereitschaftsdienst (116117).

Befinden Sie oder der Betroffene sich in einer Notlage, muss diese vor allen anderen Maßnahmen abgewendet werden. Klingt selbstverständlich, ist es aber nicht. Opfer von Gewalt oder psychischem Missbrauch können sich dem Täter weiterhin eng verbunden fühlen. Sei es aus blinder Liebe oder Pflichtgefühl. Dieses Opfer muss nicht der Betroffene sein. Täter sind Menschen. Menschen, die wir lieben. Manchmal Menschen mit Depressionen. Der Mann, der plötzlich aus heiterem Himmel seine Frau schlägt. Die treuherzige Geliebte, die ihren Freund seit ein paar Wochen mit ihrer Eifersucht in den Wahnsinn treibt. Der pöbelnde Nachbar oder die übergriffige Großmutter. Sie alle können an unerkannten Depressionen leiden. Trotzdem haben sie Unrecht getan. Egal, ob Sie eine Konstellation aufdecken, in denen der Betroffene aus bedrohlichen Lebensumständen heraus eine Depression entwickelt hat oder Sie selbst es sind, der unter Aggressionen zu leiden hat: Nehmen Sie Täter nicht in Schutz. Jedenfalls nicht auf Kosten anderer.

» Bringen Sie zunächst die angegriffene Person in Sicherheit.Sorgen Sie für räumlichen Abstand. (Unterkunft bei Freunden, Frauenhäuser, Kinder ausquartieren usw.)
» Suchen Sie sich Unterstützung. Haben Sie es mit einem potentiell gefährlichen Patienten zu tun, sprechen Sie ihn nicht allein auf das Problem an.
» Die Polizei kann Täter aus der gemeinsamen Wohnung verweisen und für eine mehrtägige Zugangssperre sorgen.
» In Härtefällen: Wer sich bedroht fühlt, aber nie ohne den Täter unterwegs sein kann, nutzt bei der Bestellung in Apotheken das Codewort "Maske 19". Informierte Apotheken erstellen dann eine "Bestellung", für die Sie Ihre Adresse erfragen. Unauffällig wird ein Hilferuf weitergeleitet.
» Setzen Sie klare Grenzen. Körperliche und psychische Gewalt sind Straftaten. Derartige Umstände muss niemand aushalten.
» Sprechen Sie dem Opfer gegenüber aus: "Du bist sicher. Du

bist nicht allein." Das Nervensystem muss diese Dinge hören, um runterfahren zu können. Sind Sie selbst Opfer geworden, sprechen Sie diese Sätze laut für sich selbst.

» Nutzen Sie Hilfetelefone. Nummer gegen Kummer. Nummer bei Gewalt gegen Frauen. usw. Der Anrufer bleibt in jedem Fall anonym und erhält konkrete Unterstützungshinweise. Sofort.

Eben weil es Ausnahmen sind, dürfen bedrohliche Verhaltensweisen nicht übergangen werden. Es sind Warnzeichen. Schlägt das Nervensystem derart um sich, ist Hilfe von außen dringend angezeigt. Sie können den psychiatrischen Notdienst, die Polizei oder Beratungsstellen hinzuziehen.

Ähnlich verhält es sich mit Abhängigkeitserkrankungen. Es ist nicht morgen wieder gut. Wer Ihren Haushalt für Drogen vertickt, jeden Cent für Glücksspiele zusammenkratzt oder in jedem Winkel des Gartens halbvolle Flaschen versteckt, hat sein Problem nicht mehr im Griff. Hilfsangebote sind notwendig. Natürlich ist eine Entzugsbehandlung unangenehm. Selbstverständlich kratzt eine Zwangseinweisung am Ego. Letztendlich können diese Schritte aber Leben retten. Tut niemand etwas, wird das Leben für die Betroffenen und ihre Angehörigen nur noch deutlich unerträglicher; möglicherweise über Jahre hin.

Mehr zum Thema:

https://www.hilfetelefon.de/informationen-fuer-unterstuetzende-personen/

# ÜBERLEBEN SICHERN

Innerhalb der unzähligen Baustellen, die sich nach einer ersten Inventur auftürmen, haben diejenigen die höchste Priorität, die das Überleben des Betroffenen sichern. Gleichwertig sind Verantwortlichkeiten zu behandeln, die mit dem Überleben anderer zusammenhängen.

In vielen Fällen existieren offizielle Hilfsangebote. Manchmal genügen Vereinfachungen. Versuchen Sie praktisch zu denken. Natürlich können Sie den 8.Klässler zur Schule fahren. Er kommt vermutlich aber auch mit dem Bus ans Ziel. Sie könnten jeden Tag frische Mahlzeiten vorbeibringen. Für ein oder zwei Wochen sind aber auch fertige Tiefkühlgerichte ok.

# INAS GESCHICHTE

## TEIL 7

Erleichtert schaut Ina auf. Der kleine Stern ist gerettet. Da ploppt etwas über Ihr auf. Sie schreckt zusammen. Ein Schirm. Erik ist zurückgekehrt. "Das war der Babysitter. Finn hat irgendwo eine letzte Wespe gefunden und Panik bekommen", während er spricht, zieht er ihr die Kapuze über den Kopf. Sie will ihn abwehren, hält sich aber zurück. Auch, weil sie sich ein wenig schämt. Wie konnte sie ihm böse sein? An die Kinder hatte sie vorhin gar nicht gedacht. Erik ist ein toller Vater und ein toller Mann. Sie lässt sich von ihm aus dem Wasser führen, zurück an den Strand, auf die Promenade. Sie sieht den Kiosk und sieht ihn doch nicht. Ein paar Jugendliche rollen auf einem Tandem vorbei. Erik schaut interessiert hinterher. Ina zieht ihn weiter. Nicht, dass er auf anstrengende Ideen kommt.

Erik schweigt. Es tut ihm weh, wie wenig sich Ina für die Welt um sich herum begeistert. Dieses Lächeln vorhin, es hatte ihm Hoffnung gemacht. Aber vermutlich ist es noch zu früh. Die Ina, die er gekannt hat, wäre an einem Ort wie diesem kaum zu halten gewesen. Surfen, Eisessen, Radfahren, Reiten am Strand – sie hätte gar nicht gewusst, was sie zuerst und zuletzt machen sollte. Er verspürt einen Stich. Es ist ein wenig langweilig geworden. Er möchte so nicht denken, aber ...

## #16 TIPP: GRUNDVERSORGUNG

**Essen und Trinken**. Natürlich können Sie keine Lebensmittel in den Betroffenen hineinzwängen. Sie können aber im Zweifelsfall dafür sorgen, dass überhaupt Lebensmittel im Haus sind.

Essen auf Rädern ist kein reiner Rentner-Trend. Sie können eine regelmäßige Versorgung über einen entsprechenden Dienst anregen. Zuschüsse von der Pflegekasse oder den Sozialämtern sind leider nur in Ausnahmefällen möglich. Nachfragen ist aber nie verkehrt.

**Schlaf.** Sie können Schlaf nicht erzwingen. Im gemeinsamen Haushalt können Sie jedoch eine angemessene Schlafhygiene unterstützen. Leben Sie ruhige Abende vor. Regen Sie im Zweifelsfall den Gang zum Arzt an. Dieser kann vorübergehend geeignete Schlaf- und Beruhigungsmittel verschreiben.

Werden Sie hellhörig, wenn ungerichtet frei verkäufliche Schlafmittel konsumiert werden. Diese können bei unsachgemäßem Gebrauch den Nachtschlaf beeinträchtigen und außerdem in die Abhängigkeit führen.

**Sauberkeit.** Ob die Wäsche nach dem Waschen auf dem Sofa oder im Schrank landet, darf jedem selbst überlassen werden. Auch die Anordnung von Geschirr und Bücherstapeln ist relativ. Grundlegende Hygiene ist allerdings nicht verhandelbar. Sauberes Geschirr, saubere Arbeitsflächen in der Küche, saubere Bäder und Toilettenräume und grob saubere Böden und Betten sind der Mindeststandard, der für eine gesunde Wohnumgebung erhalten bleiben muss. Hier müssen nicht zwangsläufig Sie den Besen schwingen. Die Krankenkassen unterstützen die Bezahlung einer Haushaltshilfe, wenn medizinisch begründet.

*Sprechen Sie mit dem Betroffenen ab, dass er sich zukünftig bei Ihnen meldet,* ***bevor*** *ihm der Haushalt über den Kopf wächst.*

**Gesundheit.** Wer sich gar nicht mehr regen mag, ignoriert auch seine Gesundheit. Im Ernstfall sollte ein prüfender Blick auf den körperlichen Zustand des Betroffenen und seine Hilfsmittel geworfen werden. Checken Sie, ob tägliche Medikamente eingenommen werden bzw. in ausreichenden Mengen vorhanden sind. Helfen Sie dabei, akute Verletzungen behandeln zu lassen. (Zum Arzt fahren, Termin machen usw.)

Zuwendung. Es können unheimlich viele Aufgaben auf Sie zukommen. Zusätzlich machen Sie sich Sorgen und sind letztendlich natürlich selbst gestresst. Zwischenmenschliches kommt so rasch zu kurz. Bremsen Sie sich aus. Erst sprechen Sie in Ruhe mit dem Betroffenen. Finden Sie eine seit sechs Wochen verwahrloste Wohnung vor, oder berichtet jemand unter Tränen vom drohenden Jobverlust, kommt es auf zwei Stunden nicht an. Räumen Sie zum Beispiel das Sofa frei. Bestellen Sie etwas zu essen und schaffen Sie eine Wohlfühlinsel, von der aus die Katastrophe mit Abstand bedacht betrachtet werden kann. Erklären Sie, was Sie in Angriff nehmen wollen, auch wenn Sie keine Antwort bekommen. Lassen Sie eventuell Bedenkzeit, bevor Sie weitere Helfer hinzuziehen.

Müssen Sie die Wohnung versorgen, weil der Betroffene spontan in eine Klinik eingewiesen wurde, berücksichtigen Sie die Privatsphäre des Betroffenen. Entwenden Sie keine Gegenstände, werfen Sie nichts eigenmächtig weg und verändern Sie die Anordnung von Möbeln und wesentlichen Gegenständen nicht.

**Finanzen ansprechen.** Damit finanziell keine Engpässe eintreten muss:

- » eine Krankschreibung vorliegen
- » der Arbeitgeber informiert werden
- » Anspruch auf Entgeltfortzahlung geltend gemacht werden
- » das Fortbestehen des Arbeitsverhältnisses gescheckt werden
- » der Ausgang von regelmäßigen Zahlungen gesichert sein
- » evtl. Wohngeld/Grundsicherung beantragt/ angepasst werden

> Depression gilt als chronische Erkrankung, entsprechend kann eine Zuzahlungsbefreiung bei der Krankenkasse beantragt werden, wenn sich die Kosten für medizinische Versorgung häufen.

## Struktur vermitteln

Kann der Betroffene sich noch weitestgehend selbst in all diesen Punkten helfen, setzen Ihre Bemühungen bei der Tagesstruktur an. Helfen Sie, Regelmäßigkeiten beizubehalten, indem Sie Aktionen wie Spaziergänge und Einkäufe gemeinsam planen. Struktur hält am Laufen. Sie könnten jeden Morgen zur selben Zeit mit Brötchen vor der Tür stehen oder, bei gemeinsamer Wohnung, auf allgemeine Punkte wie Aufstehen, Anziehen oder gemeinsame Mahlzeiten bestehen.

Wer allein lebt, profitiert von medizinischen Apps und Online Selbsthilfe Programmen. Die Krankenkassen unterstützen geprüfte Anwendungen. Helfen Sie dem Betroffenen bei der Einrichtung von täglichen Erinnerungen (Aufstehen, Medikamente, Termine. Bewegung…). Die Programme unterstützen neben der Tagesstruktur das Verständnis für die Erkrankung und können wichtige Selbstheilungsimpulse setzen.

## Betreuungsfragen

Fragen der Betreuung sind zunächst Fragen zu Verantwortlichkeiten, einmal für sich selbst, dann aber auch für andere. Gibt es Menschen oder Tiere, deren Versorgung konkret von den Kapazitäten Ihres Angehörigen abhängt? Wer springt jetzt in die Bresche?

Auch wenn die Depression momentan weniger stark ausgeprägt ist, sollte unbedingt für alternative Ansprechpartner gesorgt werden. Sich allein für das Leben eines anderen Menschen verantwortlich zu fühlen, steht jeder entspannten Auseinandersetzung mit den eigenen Problemen im Weg.

Haustiere und Kinder sollten generell über zusätzliche Vertrauenspersonen verfügen. Bereits ein Beinbruch macht handlungsunfähig. Ohne helfende Hände können sich lebensbedrohliche Situationen ergeben. Bekannte Helfer reduzieren den Stressfaktor in einer solchen Situation und verhindern, dass fremde Hilfe notwendig wird.

Den meisten Menschen ist dieser Umstand bewusst. Kennt die Katze die Wohnung der besten Freundin schon, können Sie gemeinsam mit dem Betroffenen dort um Hilfe bitten. Alleinerziehende haben ihre Kinder sicher schon öfter über Nacht bei Oma, Tante oder Onkel schlafen lassen. Diese Menschen sind immer die ersten Ansprechpartner, bevor nach offizieller Unterstützung gesucht wird.

Manchmal genügt es, wenn der Nachbar, der sonst auch mit in den Park geht, zweimal täglich die Hunderunde übernimmt. Oder die Tante holt die Jüngste für ein oder zwei Wochen aus der Kita ab und bleibt zum Spielen, bis das Abendessen gekocht ist. Finden Sie diese Menschen. Informieren Sie sie zur Situation. Holen Sie sie ins Boot.

Auf Dauer kann Anspruch auf eine Haushaltshilfe bestehen. Kinder und Haustiere sind im weitesten Sinne "Haushalt." (Bei den Krankenkassen anfragen.) Für Pflegebedürftige Angehörige, für die bereits ein offizieller Pflegeauftrag besteht, kann unverzüglich eine ausgebildete Kraft einspringen.

## #17 TIPP: GESPRÄCHE MIT KINDERN

Schon kleine Kinder merken rasch, wenn bei den Großen etwas nicht stimmt. Sie beobachten Ungereimtheiten im Alltagsverlauf und spüren, wenn ihre Bezugspersonen die gute Laune nur spielen. Bemerken sie, dass etwas im Argen liegt, suchen sie die Schuld zunächst bei sich. Dieses Verhalten sichert im Zweifelsfall ihre Existenz und ist ganz normal. Es ist Aufgabe der Erwachsenen, den Kindern diese emotionale Last zu nehmen.

Sie müssen wissen, was vor sich geht. Erst recht, wenn Papa wochenlang in der Klinik bleibt oder Oma sie plötzlich nicht mehr täglich in die Kita bringt. Eine Vertrauensperson kann in altersgerechten Worten erklären,

- » dass Depression eine Krankheit ist, die wieder weggeht.
- » Dass die Erkrankung die Laune beeinflusst und man dadurch oft zu müde ist, etwas zu tun oder einfach nicht weiß, wo man anfangen soll.

Kinder kennen dieses Gefühl, wenn sie plötzlich Zeit für sich haben und einfach nicht wissen, was sie jetzt machen sollen. Diese elende Langeweile. Das ist ein nachvollziehbares Beispiel. Fragen Sie, wie sich das Kind in solchen Momenten fühlt. Greifen Sie Schlagworte wie "allein" und "traurig" auf und fragen Sie, ob es denn immer wirklich so schlimm ist, wie es aussieht. Ob es sich nicht nur so anfühlt? In der

Regel ist klar, dass die Freunde nur heute keine Zeit haben und das in der Kita vergessene Spielzeug kein Grund für ewige Trauer sein muss. Man fühlt sich trotzdem doof. Sagen Sie, dass es dem Betroffenen durch die Krankheit an vielen Tagen so geht. Ganz ohne dass jemand etwas falsch gemacht hat, weil die Krankheit die Gefühle durcheinander bringt. So wie man bei Schnupfen weniger Luft bekommt, bekommt man bei Depressionen weniger Gefühl. Solche Vergleiche können altersgemäß und aus dem tatsächlichen Alltag gewählt sein und erheben keinen Anspruch auf medizinische Perfektion.

Nutzen Sie notfalls ein speziell aufbereitetes Kinderbuch oder eine passende Dokumentation für Kinder als Erklärhilfe. Wichtig ist, dass am Ende klar ist:

» Es ist eine Erkrankung.
» Die Erkrankung geht vorbei.
» Die Erwachsenen helfen bereits.
» Das Kind ist nicht schuld und hat nichts falsch gemacht.
» Das Kind ist sicher.
» Das Kind hat eine Bezugsperson für den Übergang.

Im Idealfall kann der Betroffene die Erklärung selbst übernehmen. Ist dies nicht möglich, sollte er zumindest klarstellen "Ich hab dich lieb und ich vergesse dich nicht." Es ist auch nicht verkehrt, sich nach schwierigen Zeiten bei Kindern für ihre Geduld zu bedanken.

## #18 TIPP: VERANTWORTUNG FÜR SICH SELBST AN ANDERE ÜBERTRAGEN

Eine Depression kann jede Handlungsfähigkeit lahmlegen. Der Zustand geht vorüber, die Welt bleibt jedoch derweil nicht stehen. Geldgeschäfte, Vertragsverhältnisse und Behandlungsentscheidungen müssen weiterhin gelenkt werden. Damit der Betroffene mit diesen Aufgaben nicht allein bleibt, kann ein Betreuer eingesetzt werden, der den (bestenfalls im gesunden Zustand festgelegten) Willen des Betroffenen unterstützt oder zumindest dafür sorgt, dass Entscheidungen zu seinen Gunsten ausfallen oder vertagt werden.

## Einen Betreuer bestimmen

*Nach § 1896 BGB gilt : „Kann ein Volljähriger auf Grund einer psychischen Krankheit oder einer körperlichen, geistigen oder seelischen Behinderung seine Angelegenheiten ganz oder teilweise nicht besorgen, so bestellt das Betreuungsgericht auf seinen Antrag oder von Amts wegen für ihn einen Betreuer."*

Sind also starke Einschränkungen innerhalb der Geschäfts- und Entscheidungsfähigkeit zu verzeichnen, kann der Betroffene selbst oder aber ein Dritter einen Antrag auf Betreuung beim Betreuungsgericht stellen. Ein soziales bzw. medizinisches Gutachten entscheidet dann über die Notwendigkeit der Maßnahme.

Im nächsten Schritt wird geprüft, ob jemand aus dem Umfeld des Betroffenen für dieses Amt in Frage kommt oder ob es dort nicht sogar jemanden gibt, der unkompliziert aushilft, sodass die Maßnahme sich erübrigt. (Wenn dies genügt. Dies sind individuelle Entscheidungen.) Steht niemand geeignetes zur Verfügung, kann eine öffentliche Betreuungsperson eingesetzt werden. Leben Sie eng mit dem Betroffenen zusammen, kann es von Vorteil sein, wenn Sie sich selbst als Betreuer einsetzen lassen. Ihre Befugnisse werden damit nicht mehr permanent hinterfragt.

- » Besteht ein entsprechender Eintrag im Betreuungsvertrag, können Sie als Betreuer unkompliziert Geldgeschäfte verwalten
- » Ihren Angehörigen in Rechtsfragen vertreten
- » in medizinische Entscheidungen miteinbezogen werden
- » in akuten Notfällen von Ihrem Mitbestimmungsrecht zu Behandlung und Behandlungsort gebrauch machen

Wird ein Berufsbetreuer eingesetzt, werden für diesen Kosten fällig. Wie viel der Betroffene zuzahlt, ist von seinem Vermögen abhängig. Besteht bereits offiziell Bedürftigkeit, werden die Kosten komplett erstattet.

## Betreuung gleich Entmündigung?

Welche Aufgaben der Betroffene aus der Hand gibt und unter welchen Bedingungen, wird im Vorfeld genau festgelegt. Auch die angestrebte Betreuungszeit wird gemeinsam beschlossen. Gegen den Willen des Betroffenen wird keine Betreuung beschlossen. Anstehende Entscheidungen entstehen in Absprache mit dem Betroffenen.

Über den Kopf des Betroffenen hinweg wird nur in Ausnahmefällen entschieden. Etwa wenn der Gesundheitszustand die Urteilsfähigkeit gänzlich negativ beeinflusst. (z. B. bei Koma, Gedächtnisverlust, stark eingeschränkter kognitiver Leistungsfähigkeit)

**Ein Betreuer ist kein Vormund.** Die Unterschrift des Patienten bleibt rechtsgültig. Er kann weiterhin Verträge schließen. Der Betreuer ist außerhalb der vertraglich vereinbarten Aufgaben nicht handlungsberechtigt. Weittragende Entscheidungen trifft der Betreuer außerdem nicht allein. Neben dem Betroffenen muss unter Umständen auch das Betreuungsgericht einwilligen. (z.B. Bei Fragen zum Wohnortwechsel oder zur Behandlung)

## Was regelt eine Vorsorgevollmacht?

Alternativ kann der Betroffene privat eine Vorsorgevollmacht erstellen. Diese berechtigt den Bevollmächtigten je nach festgehaltenen Angaben zu bestimmten Geschäften und Entscheidungen. Außerdem kann die Vollmachtserklärung eine Schweigepflichtsentbindung für die behandelnden Ärzte enthalten. Wären also Sie mit dieser Rolle bedacht, könnten Sie direkt mit den behandelnden Ärzten kommunizieren und würden zu notwendigen medizinischen Schritten informiert werden.

Ein solches Dokument kann als **Vordruck** online bezogen werden. Die abgebenden Vereine informieren auch zu Stellen, die die Ausführungen für Sie öffentlich prüfen.

Durch den (freiwilligen) Eintrag im zentralen Versorgungsregister wird im Notfall eine schnelle Kommunikation mit Ärzten und/oder dem Betreuungsgericht möglich. Zum Beispiel kann im Fall einer Zwangseinweisung eine zusätzlich angeordnete Betreuung durch das Gericht unterbunden werden. Die Angaben im Vorsorgeregister sind außerdem für Ärzte direkt abrufbar. Dies bietet eine zusätzliche Sicherheit, wenn der Patient im Akutzustand allein unterwegs und nicht aussagefähig ist.

Voraussetzung ist selbstverständlich ein tiefergehendes Vertrauensverhältnis zwischen dem Betroffenen und dem Bevollmächtigten.

Es existiert keine dritte Instanz, die die Entscheidungen des Bevollmächtigten prüft.

Im Prinzip bleibt die einmal getroffene Entscheidung zur bevollmächtigten Person und deren Handlungsspielraum über Jahre gültig. In der Praxis sollten die Inhalte allerdings entsprechend der Lebensverhältnisse immer mal wieder aktualisiert werden. Depressionen können über die gesamte Lebensspanne wiederkehren. Scheidungen, Streit oder Krankheit wirken sich auf die Tiefe einer Beziehung aus oder beenden sie sogar.

Alternativ können Teilvollmachten ausgestellt werden, womit sich die Verantwortung auf mehrere Schultern verteilt. Damit können etwa Geschwister die Sorgelast für ein Elternteil untereinander aufteilen. Dabei müssen alle Beteiligten der Übernahme einzelner Aufgaben zustimmen.

*Niemand kann Sie gegen Ihren Willen zwingen, einen Vollmachtsauftrag zu übernehmen.*

Beobachten Sie, dass ein bereits eingesetzter Bevollmächtigter seine Position gegenüber dem Betroffenen unrechtmäßig ausnutzt, können Sie als Außenstehender das Vollmachtsverhältnis anfechten. Dazu regen Sie beim Betreuungsgericht mit einem formlosen Schreiben die Bestellung eines Kontrollbetreuers an.
Zudem kann alternativ zur allgemeinen Vollmacht von vornherein eine Betreuungsvollmacht erstellt werden. Hier wird der Bevollmächtigte zunächst gerichtlich geprüft, sobald der im Dokument beschriebene Ernstfall eintritt.

Über www.vorsorgeregister.de erfahren Sie mehr über die öffentliche Registrierung.

Informationen zu diesem Thema liefert das Bundesministerium der Justiz und für Verbraucherschutz:

https://www.bmjv.de/DE/themen/vorsorge_betreuungsrecht/ehegattennotvertretung/ehegattennotvertretung_node.html

**Ehegattennotvertretungsrecht.** Als eingetragener Lebenspartner haben Sie außerdem laut § 1358 BGB das Recht, sich im Notfall gegenseitig zu vertreten. Ihr Handlungsspielraum ist allerdings auf konkrete gesundheitliche Maßnahmen beschränkt.

## Was leistet eine Patientenverfügung?

Eine Vorsorgevollmacht gibt Angehörigen und Helfern nicht unbedingt einen Handlungsrahmen an die Hand. Die Vollmacht beinhaltet kein Dokument mit vorgefertigten Entscheidungen. Es wird erwartet, dass der Bevollmächtigte schon weiß, was der Betroffene für Vorstellungen hegt. Gerade innerhalb von Gesundheitsthemen ist dies sehr viel verlangt. Wer in medizinischen Fragen Entscheidungshilfen geben und seinen Willen festlegen möchte, erstellt zusätzlich eine Patientenverfügung. Auch hier finden sich Vordrucke, die Sie dabei unterstützen, möglichst viele Eventualitäten im Vorfeld zu bedenken.

*Eine Patientenverfügung auch ohne notarielle Beglaubigung rechtlich bindend, sofern sie schriftlich und eigenhändig unterschrieben ist. Eine notarielle Beglaubigung erhöht die Beweissicherheit, ist aber keine Voraussetzung.*

# #19 TIPP: FÜR EINE OFFIZIELLE DIAGNOSE SORGEN

Für das Leben mit der Depression ist eine offizielle Diagnose wichtig. Zum einen, weil ohne diese weder Behandlungen noch Medikamente verschrieben werden. Realistisch betrachtet aber auch, weil Leistungsdefizite entstehen und Ansprüche geltend gemacht werden müssen.

**Lohnbezüge.** Für die eingehende Untersuchungsphase genügt eine herkömmliche Krankschreibung. Der Betroffene ist nicht verpflichtet, seinen Arbeitgeber zu den genauen Umständen seiner Erkrankung zu informieren. In den ersten 6 Wochen der Erkrankung sollte die Entgeltfortzahlung automatisch greifen. Danach folgt das vertraglich festgelegte Krankengeld. Diese Vorgänge stützen sich auf eine lückenlose ärztliche Betreuung (also Krankschreibung).

**Arbeitsplatzanpassung.** Hält die Erkrankung länger an, müssen eventuell angepasste Arbeitsplatzbedingungen verhandelt werden. Einige Betriebe verfügen zusätzlich über einen sozialen Dienst oder eine andere Form der Personalunterstützung. Wollen Betroffene derartige Angebote nutzen, können sie sich in der Regel intern an eine Vertrauensperson wenden, die mit ihnen die weitere Organisation (auch bei Abwesenheit wegen Reha) übernimmt. In diesem Schritt wird auch betrieblich eine Diagnose verlangt.

**Chronifizierung.** Selbst wenn der Patient während der ersten Depressionsphase voll arbeitsfähig und nur wenig eingeschränkt ist, sollte der Beginn der Erkrankung ärztlich dokumentiert sein. Kehren die Symptome nach einigen beschwerdefreien Monaten oder Jahren zurück, sind die damals gesammelten Informationen hilfreich für die weitere Behandlung. Diese kann unerwartet intensiver ausfallen. Umso besser, wenn der Arzt dann bereits ins Vertrauen gezogen wurde.

**Anträge**. Entwickelt sich aus der leichten Depression eine schwere chronische Erkrankung, stehen verschiedene staatliche Unterstützungsmöglichkeiten zur Verfügung. In den entsprechenden Anträgen wird generell nach Unterlagen zur Erkrankung gefragt. Kann die Chronifizierung direkt belegt werden, kann Hilfe schneller greifen.

Einen Vordruck für ein solches Dokument finden Sie unter psychiatrie-verlag.de. Dort wird außerdem ein hilfreicher Leitfaden für Patienten zur Verfügung gestellt, der die Patientenrechte näher erläutert.

https://psychiatrie-verlag.de/wp-content/uploads/2019/07/krisenpass.pdf

https://psychiatrie-verlag.de/wp-content/uploads/2019/07/BMG-G-G407-Patientenrechte-Deutschland.pdf

**Zweitmeinung.** Unterstützen Sie deshalb die Entscheidung für die offizielle Diagnose. Treten Probleme mit dem Arzt auf, weil er sich nicht auf den Patienten einlassen kann oder Ihr Angehöriger sich ihm gegenüber befangen fühlt, sprechen Sie sich für eine Zweitmeinung aus.

**Krisenpass.** Für den weiteren Verlauf ist es außerdem sinnvoll, einen Krisenpass anzulegen. In diesem können, von ärztlicher Unterschrift bestätigt, wirksame Verhaltensstrategien, Medikamente, Psychosewarnungen und Adressen vermerkt werden. Der Betroffene trägt das Dokument möglichst jederzeit bei sich, sodass es in akuten Notfällen gefunden werden kann.

# DER SITUATION BEGEGNEN

In der akut depressiven Phase befindet sich das Nervensystem im Ausnahmezustand. Der Patient wird sich nun, wo sein Leid gesehen wird, vermutlich etwas sammeln können, die Ruhe ist jedoch trügerisch. Das Schiff hält sich irgendwie über Wasser, kann aber kaum Kurs halten. Die Reise wird erst weitergehen, wenn sämtliche Schäden repariert sind und der Steuermann wieder auf seinem Posten ist. Sie helfen dem Betroffenen an diesem Punkt der Erkrankung, indem Sie ihm eine entspannte Bestandsaufnahme ermöglichen.

## ANNAHME – EINEN SCHEISS MUSST DU

## INAS GESCHICHTE TEIL 8

Stumm erreichen sie das Ferienhaus. Die Großen kommen ihnen direkt entgegen. Ina lässt sich mitziehen. Erik ist gerührt, wie sehr sie sich bemüht, trotz allem für die Meute da zu sein. Er bezahlt den Babysitter und will gerade eine Zeitung hervor holen, da kommt ihm Ina dazwischen. "Hast du vorhin den Kiosk gesehen? Da gibt es Softeis, oder?" Er kann nicht antworten. Ein lautes "Soooofteiiiiis!!!", dröhnt aus drei Kehlen an seine Ohren. Ina lacht hell auf und beginnt die Kinder in ihre Jacken zu stecken. Erik steht wie erstarrt daneben und kann es kaum glauben. Er muss sich ernsthaft zusammen nehmen. Wo kommt jetzt dieser Aufschwung her? Egal. Er schnappt sich eifrig den Jüngsten und sattelt den Bollerwagen. "Gute Momente nutzen!", hat die Ärztin gesagt.

Sie erreichen den Kiosk noch trocken, kaum hat jeder sein Eis in der Hand, setzt jedoch der nächste Regenschauer ein. Ina wird müde. Na klar, das hat ja jetzt grad noch gefehlt. Erst vergisst sie sämtliche Mützen und jetzt schwimmt das Eis davon. Sie verspannt sich, innerlich auf die ersten Tränen wartend. Ihre Tochter muss ordentlich an Inas Händen ziehn, um sie wieder in Aktion zu bringen. "Maaamiiie! Mami! Jetzt komm schon. Finn hat einen Bunker entdeckt, da am Strand, eine ganz geheime Höhle. Los! Jetzt komm schon! Du musst dein Eis retten.!" Ina sieht verblüfft auf. An die Bunker hatte sie nicht gedacht. Sie ist erleichtert. Dennoch wird der Rest des Nachmittags anstrengend für sie. Glücklich sein kostet Energie. Gut, dass dies auch die Kinder so sehen. Kaum zurück kuschelt sich ihre kleine Schar auf ihrem Schoß zusammen. Erik hat den Kamin noch nicht entzündet, da schlafen sie bereits und Ina genießt die unkomplizierte Nähe. Sie ist müde, aber in diesem Moment ist alles richtig.

## # 20 TIPP: EINEN SICHEREN HANDLUNGSRAHMEN SCHAFFEN

Äußern Sie Ihre Beobachtungen! Es fällt den meisten von uns generell schwer, das eigene Tun aus einer neutralen Position heraus zu beobachten. Ein realistisches Bild zu uns selbst erhalten wir nur, wenn wir Gelegenheit haben, unsere Wahrnehmung mit der anderer Menschen abzugleichen. Ihr Angehöriger wird zunächst Zeit benötigen, um die neuen Erkenntnisse zu verinnerlichen. "Ich bin psychisch krank." Ist eine heftige Erkenntnis. Sie führt zu Fragen wie: Kann ich mir selbst noch trauen? Werde ich nun von allen verachtet? Sieht man mir die Erkrankung an? Und vor allem: Wird es je wieder sein, wie zuvor? Bevor der Erkrankte in der Lage ist, seine Ängste und Unsicherheiten zu äußern, muss er zunächst für sich selbst klar definieren können. Dabei hilft eine geschützte Atmosphäre. Je nachdem, wie nah Sie dem Betroffenen stehen, können Sie mehr oder weniger auf die Umsetzung einer förderlichen Alltagssituation einwirken.

### Rückzug vs. Isolation

Wir wissen, dass depressive Patienten heftig auf fordernde Situationen reagieren. Sie verarbeiten Informationen aus ihrer Umgebung langsamer, als wir es von ihnen gewohnt sind. Starke Reize wie Lärm und sich überlagernde Stimmen, alltägliche Fehler und umfangreiche Entscheidungen können innerhalb weniger Minuten zu einem totalen Zusammenbruch führen. In dieser ersten Heilungsphase ist es deshalb sinnvoll, das Bedürfnis nach Rückzug zu unterstützen.

Verwechseln Sie Rückzug nicht mit der Idee, der Betroffene müsse nun komplett von der Außenwelt isoliert werden. Ziel bleibt eine möglichst selbstständige Alltagsgestaltung innerhalb des gewohnten sozialen Gefüges.

» Sie helfen, indem Sie Zuständigkeiten reduzieren und dafür sorgen, dass der Alltag in dieser Phase überschaubar bleibt.
» Schalten Sie sich ein, wenn Sie unnötige Konflikte oder weittragende Entscheidungen auf den Betroffenen zukommen sehen.
» Helfen Sie ihm gern auch, sich beruflich und familiär zurücknehmen zu können.

Machen Sie aber nie den Fehler, einem depressiven Patienten vorhandene Fähigkeiten abzusprechen. Was die Betroffenen selbst in Angriff nehmen können, sollten sie unbedingt auch selbst tun. Für die Angehörigen liegt die knifflige Aufgabe in der angemessenen Balance.

*Erinnern Sie sich: Der Betroffene hat vermutlich Probleme mit der Handlung zu beginnen, die Ausführung jedoch ist ihm geläufig.*

Bevormundung würde das Problem verschlimmern. Beginnen Sie etwa ungeduldig, Ihrer Ehefrau die Schuhe zu binden, weil sie sich nicht auf Anhieb dazu entschließen kann, wird sie sich womöglich erniedrigt fühlen. Die typische „Ich kann gar nichts"-Haltung wird bestärkt. Binden Sie sich demonstrativ selbst vor ihren Augen die Schuhe oder sprechen Sie sachlich eine Warnung aus („Vorsicht, stolper nicht über die offenen Schnürsenkel!"), bleibt eine natürliche Entscheidungsfreiheit erhalten. Übernehmen Sie also immer nur dann konkrete Handlungen, wenn sichtlich Not am Mann ist.

## Fünfe gerade sein lassen

Wie fühlen Sie sich selbst in den ersten Tagen einer Erkältung? Nehmen Sie sich Zeit zum Rasieren oder Stylen? Vermutlich nicht, zumal Sie wissen, dass es Ihnen niemand verübeln wird, wenn Sie auf dem Sofa auf Ihr Business Outfit verzichten. Depression ist grundsätzlich ebenso eine relativ alltägliche Erkrankung. Ein Schnupfen der Seele, wenn man so will.

*Ein paar Tage lang typisch krank sein zu dürfen, kann deutlich zur Akzeptanz beitragen.*

Schon allein, weil wir alle Handlungsstrategien für diese Situation haben, mit denen wir uns wohl fühlen. Der Effekt von warmen Decken und Hühnersuppe wirkt schon im Fall der erkrankten Atemwege als Seelentröster. Warum sollten wir ihn der erkrankten Seele vorenthalten? Ein paar Tage "Erkältungsprogramm" können Geborgenheit schaffen. Probieren Sie es ruhig. Natürlich nur, wenn der Patient diese Behandlung annehmen kann. Die Idee vermittelt Akzeptanz und schafft einen Einstieg in die weitere Heilungsphase.

Wichtig ist nur, dass es bei ein paar Übergangstagen bleibt. Ist der Patient in der Lage, seine Situation in Worte zu fassen, beginnt die Schonfrist auszulaufen.

## Reset für das Nervensystem

Bevor ein neues Programm starten kann, muss das Nervensystem aus dem "Kampf/Flucht-Modus" herausfinden. Dies wird nicht sofort vollständig gelingen, ein "Ich bin sicher und mir wird geholfen" ist aber bereits ein guter Anfang. Im Alltag können Sie diesen Schritt unterstützen, indem Sie Sicherheitssignale setzen.

**Über die Atmung.** Eine ruhige und tiefe Atmung signalisiert dem Nervensystem Ruhe. Suchen Sie sich gemeinsam eine Atemmeditation oder kleine Übungen, die sich umstandslos in den Alltag integrieren lassen.

**Über Naturerfahrungen.** Wie bereits erwähnt, ist die Natur der beste Taktgeber. Schaffen Sie einen Beobachtungsraum und regen Sie Ausflüge ins Grüne an. Selbst ein Abstecher in den Garten oder an ein Flussufer in der Stadt kann bereits nachhaltig Ruhe vermitteln.

**Körperlichkeit.** Eine wirkungsvolle Umarmung dauert mindestens 20 Sekunden. Nach dieser Zeitspanne werden die ersten Glückshormone ausgeschüttet. [10] Länger gehalten werden, spendet Trost und erdet. Besteht so viel Nähe zwischen Ihnen nicht, können angemessene

Berührungen dennoch dort aushelfen, wo Worte versagen. Eine Hand auf der Schulter zeigt, du bist nicht allein. Verstummt das Gespräch, können Sie nach der Hand Ihres Gegenübers greifen und so dennoch die Verbindung zwischen sich aufrechterhalten. Natürlich nur, wenn der Betroffene diese Gesten akzeptiert und annehmen kann. Bedrängen Sie niemanden.

**Befriedigte Grundbedürfnisse.** Helfen Sie, Ängste auszuräumen. Sorgen Sie dafür, dass Sicherheit präsent und bewusst bleibt. Das Smartphone ist geladen und auffindbar. Eventuell liebgewonnene Nachtlichter und Bewegungssensoren sind aktiv. Ein Postit erinnert an das Essen im Kühlschrank. Die saubere Wäsche liegt sichtbar oben auf. Das Bett ist frisch bezogen. Eventuell schwierige Belange "...gehen wir gemeinsam an" (Aussprechen!). Es kann ein Whiteboard dafür angelegt werden. Hier steht, welche Aktionen laufen und welche ausstehen. Neues kann jederzeit ergänzt werden. Eine Notiz an der Wohnungstür erinnert daran, dass der Hund um 14 Uhr zur Gassirunde abgeholt wird. Alles ist eindeutig versorgt.

**Den Einsatz der Sinne.** Als umfangreiche Sinneserfahrung kann jede alltägliche Handlung einen Mehrwert bekommen. Dadurch ist der Betroffene mehr im Hier und Jetzt. Kochen Sie gemeinsam, oder ist der Betroffene zumindest im selben Raum, nutzen Sie eine bunte Vielfalt an duftenden Lebensmitteln. Bereits ein knackiger Apfel wird beim Schneiden interessant. Er muss gefühlt werden, riecht und schmeckt frisch. Statt irgendwelcher Seife, kann ein liebgewonnener Geruch ans Waschbecken geholt werden, der schöne Erinnerungen weckt. Etwa an den Urlaub in der Provence. Sinneswahrnehmungen sind jetzt. Nutzen Sie den Effekt.

**Zeit für Achtsamkeit.** Drängen Sie den Betroffenen nicht, wenn er einmal ins Handeln kommt. Regen Sie eher an, Handlungen bewusst auszuführen. Einmal nachfühlen, ob die Schuhe fest genug gebunden sind. Erst testen, nicht, dass der Kaffee zu heiß ist. Etwas bewusst zu erledigen, fühlt sich richtig an. Achtsamkeitsübungen vertiefen diesen Effekt. Sie halten die Gedanken beisammen. Wer achtsam duscht, hat keine Zeit zum Grübeln.

**Temperaturanpassungen.** Unterschätzen Sie nicht die Wirkung der Außentemperatur auf das persönliche Sicherheitsempfinden. Kälte stresst und erzeugt ein Gefühl von Verlorenheit. Hitze kann ebenso anstrengend sein und fährt zusätzlich die Betriebsgeschwindigkeit des Körpers runter. Überheizte Räume machen müde und lethargisch.

## #21 TIPP: REFLEXION ANREGEN, OHNE ZU NERVEN

Es hilft eher nicht, einen depressiven Patienten stur zur Auseinandersetzung mit seiner Situation zu zwingen. Bleiben Sie besser im Gespräch. Meist ergibt sich aus dem Alltäglichen das Persönliche. Es bedarf lediglich einer gewissen Wachsamkeit für relevante Nebensätze. Es kann gut sein, dass Ihr Angehöriger, sobald es ihm ein wenig besser geht, sehr viel redet. Da die Situation nun aber immer noch dieselbe ist, kann er sich dabei ordentlich in den negativen Aspekten seiner Gedankenwelt verstricken. Widerspruch ist zwecklos, damit rufen Sie lediglich Trotz hervor.

Kennen Sie den?
"Alles ist so trüb und langweilig!"
"Gar nicht. Die Sonne scheint. Geh doch mal raus!"
"Was soll ich da machen? Photosynthese?"

Unbegründet positive Energie provoziert Zynismus. Weitaus mehr Erfolg zeigen indirekt motivierende Signale.

- Setzen Sie sich zu Ihrem Angehörigen aufs Sofa.
- Verlegen Sie kleine Haus- oder Handarbeiten in die Nähe seines Aufenthaltsortes. Vielleicht motiviert das Zuschauen immerhin zum Kommentieren.
- Bringen Sie den Lieblingstee oder etwas Schokolade mit. Bieten Sie an, Ihre Pizza zu teilen.
- Lassen Sie sich nicht von negativen Formulierungen irritieren. Konzentrieren Sie sich auf den Inhalt einzelner Aussagen und betrachten Sie diese als Gesprächsangebote.
- Berichten Sie in verständlichen Sätzen von Ihrem Alltag.
- Sprechen Sie gemeinsame Probleme an, ohne auf eine Reaktion zu drängen.

*Informieren Sie Ihr Gegenüber genauso, wie Sie es sonst auch täten. Der Betroffene soll sich zunächst zwar involviert, aber nicht in Zugzwang geführt fühlen.*

Der Mensch darf da sein und ist wichtig, auch ohne etwas zu leisten.

Kommen dann Nachfragen oder sogar Ratschläge, gehen Sie offen darauf ein. Sie müssen keine Begeisterung für Ideen vortäuschen, die Ihnen nicht gefallen, nur um den Betroffenen aus der Reserve zu locken. Aber bleiben Sie doch so offen, wie es Ihnen möglich ist, wenn es darum geht, Ihre Wertschätzung für das gemeinsame Gespräch zu zeigen.

Sehen Sie alte Interessen aufkeimen, können Sie wachsam werden. Hier finden sich oft Ansatzpunkte, über die ein Einstieg in reflektierende Gespräche möglich wird. Bereits die reine Erinnerung an ein altes Hobby ist ein Puzzleteil, mit dem Ihr Gegenüber sich selbst wieder ein Stück näher rückt. Als Gesprächspartner können Sie viel tun, um diese Form der Selbstreflexion zu fördern.

**Neutral Interesse zeigen.** Entlädt sich all der Frust der letzten Wochen in wilden Lästereien über die verhasste Nachbarin, müssen Sie nicht mitziehen. Stattdessen können Sie ungeachtet Ihrer eigenen Meinung Interessenfragen stellen. "Oh, Nele Meier ist wieder vergeben? Wie ist dir das aufgefallen? Du warst Blumengießen? Zum Glück, die Beete hätte ich beinahe vergessen!" Mit solchen Kommentaren vermeiden Sie Zurückweisung oder gar Abwertung und stricken zugleich einen Faden, der das Gespräch in eine produktive Richtung lenken kann.

**Gehörtes mit eigenen Worten wiedergeben.** Das Echo zeigt, ich höre dich. Zugleich wird die Bedeutung der Inhalte vertieft. Wichtig ist nur, dass Sie nicht wertend reagieren. Geben Sie das Gehörte schlicht inhaltlich wieder.

**Machen statt Belehren.** Kommt Schwung in die Hütte, bremsen Sie den Aktivismus nicht durch langatmige Diskussionen aus. Reichen Sie die Gummistiefel rüber und ziehen Sie Ihre eigenen an. (Punkt.) Eine Diskussion über perfekte Kleidung, den Regen von gestern und das Klima im Allgemeinen könnte die komplette Mission gefährden.

**Fragen gegen Pauschalurteile.** Depressive Patienten pauschalisieren, generalisieren und übertreiben. "Die Tomaten sind immer bereits in der Verpackung schlecht. Alle Radfahrer sind nervende Verkehrssünder und außerdem ist der Lichtschalter schon ewig kaputt.

(3 Tage)." Sparen Sie sich das Augenrollen. Stellen Sie zu pauschalen Annahmen oder überzogenen Beschreibungen Verständnisfragen. ("Oh nein! Ich habe erst heute Morgen Tomatensalat gemacht. Muss ich mir jetzt Sorgen machen?") Dieses Vorgehen wirkt deutlich besser als direkte Korrekturen. Das Ziel ist dasselbe: Sie können auf Ungereimtheiten und logische Fehler aufmerksam machen. Anders als bei einer übergriffigen Korrektur aber, überlassen Sie die Fehlereinsicht dem Betroffenen. Er fühlt sich nicht herabgesetzt und erhält die Option, selbstwirksam sein Denken der Realität anzupassen.

**Erinnerungen reaktivieren.** "Ich dachte, du liebst Stricken. Da könntest du doch ruhig ein paar neue Socken zaubern, statt immer nur rumzusitzen." Ganz ehrlich, hinter so einer Aufforderung wird selbst ein Gesunder immer einen Vorwurf hören. Ganz egal, wie gut Sie es meinen. Bleiben Sie besser bei sich, teilen Sie Erinnerungen. "Ich war vorhin so froh über die Socken, die du mir letztes Jahr gestrickt hast. Es ist furchtbar kalt draußen und sie sind wunderbar warm. Keine Ahnung, wie du das hinbekommst. Ich bring das Paar mal schnell auf die Heizung, ich will nachher nicht darauf verzichten müssen und hab ja nur das eine."

Ja klar, das klingt nach Tricksen. Sicherlich kann auch so ein indirekter Manipulationsversuch negativ aufgenommen werden. So oder so bewirkt die Aussage jedoch eine innere Auseinandersetzung mit alten Fähigkeiten. Im Idealfall zeigt Ihr Angehöriger Interesse, die liebgewonnene Tätigkeit wieder aufzunehmen. Vielleicht fühlt er sich sogar aktiv wertgeschätzt.

Entsteht stattdessen Abwehr und Trauer, ist die Situation zwar deutlich unangenehmer, eine Auseinandersetzung mit dem vergangenen Ich kommt dennoch ins Rollen. Es werden Aussagen möglich wie: „Früher hatte ich Freude am Stricken. Deine Socken sind mir echt gelungen! Keine Ahnung, warum ich das nicht mehr kann." Gut informiert, können Sie die Gunst der Stunde nutzen. Sie haben die Chance, auf die Auswirkungen der Erkrankung hinzuweisen und vor allem auch zu erwähnen, dass nichts verloren ist. Die Krankheit überdeckt die alten Interessen lediglich. Bieten Sie ruhig an, beim Wiederentdecken alter Freuden zu helfen. Drängen Sie aber nicht auf Aktivität. In diesem Moment legen Sie lediglich die Saat zur weiteren Motivation.

## #22 TIPP: NIX GEBACKEN KRIEGEN DÜRFEN

Sich selbst wiederfinden kostet Zeit. Es bedarf Muße, Erkenntnisse zur Erkrankung abzuspeichern und sie in ihrer Auswirkung auf den eigenen Alltag zu beobachten. Das bisschen Restgeduld wird hier ordentlich strapaziert. Die Symptome selbst sehen zu können, ist ein wesentlicher Schritt zu einem aktiven Umgang mit der Erkrankung. Haben Sie die Option, dem Erkrankten Aufgaben abzunehmen oder ihm dabei zu helfen, innerhalb seiner Todo-Punkte Prioritäten zu setzen, nutzen Sie diese.

Es soll hier nicht um waschen, kämmen, Zähne putzen oder einkaufen gehen. Bestehen in diesen Grundlagen weiterhin Einschränkungen, ist professionelle Unterstützung in engmaschiger Form gefragt. Es geht mehr um die großen kleinen Zeitfresser. Sie können dann und wann Kinder und Haustiere versorgen. Eine Vertretung für die Pflege der alternden Eltern organisieren oder sich darum kümmern, dass Sportverein, Elterninitiative und Ehrenamt sich verständnisvoll zurücknehmen und den Betroffenen vorübergehend nicht mit zusätzlichen Forderungen belasten. Machen Sie deutlich, dass es vollständig ok ist, nicht den Garten fürs Nachbarschaftsfest zur Verfügung zu stellen. Hier können diesmal genauso gut andere einspringen, wie beim Kuchenbacken für den Schulbasar oder die Sammelfahrt zum Fußballturnier. Not today, people pleaser!

## #23 TIPP: HILFE ZUR SELBSTHILFE

In schweren Fällen, in denen die Selbstständigkeit auf wackeligen Beinen steht, können Sie die Selbsthilfe aktiv durch Gemeinsamkeit unterstützen.

- Sie können gemeinsam einkaufen fahren
- oder sich zu Spaziergängen verabreden.
- Tragen Sie die Arzttermine aktiv im Kalender Ihres Vaters ein und bieten Sie ihm an, ihn persönlich zu fahren.
- Bestenfalls können Sie einen Fahrdienst ganz selbstverständlich mit eigenen Besorgungen verbinden.

*Die Regel für Hilfestellungen lautet grundsätzlich: So viel wie nötig, so wenig wie möglich.*

Bevor Sie impulsiv Hilfe anbieten, warten Sie einen Moment, ob der Betroffene Sie nicht von sich aus darum bittet. Hilfe einfordern zu können ist eine aktive Geste. Eine Form, sich um die eigenen Belange zu kümmern. Der Vorgang setzt eine Auseinandersetzung mit den eigenen Fähigkeiten und eine realistische Einschätzung der aktuellen Umstände voraus. Depressiven Patienten fällt es häufig schwer, aktiv Unterstützung zu fordern. Sie geben sich entweder hilflos oder überladen sich mit Aufgaben. Für die Zukunft ist es vorteilhaft, dieses Verhalten zu erkennen und bewusst einen anderen Weg zu gehen.

*Helfen Sie dem Betroffenen, Hilfe und Unterstützung als selbstverständliche Option zu akzeptieren.*

## Perfektionismus ausmerzen

Depression aus der Überforderung heraus geht häufig mit Perfektionismus einher. Ein Perfektionist wird Schwierigkeiten haben, sich zurückzunehmen. Die Selbstabwertung beginnt hier womöglich bereits beim morgendlichen Blick in den Spiegel. Der Bart ist nicht wie gewohnt ordentlich gestutzt. "Ich sehe aus wie ein Bettler. Nein, jetzt fällt auch noch der Rasierschaum runter. Überall Haare auf den Fliesen. Wenn das einer sieht! Nicht mal putzen kann ich und da, der Wäscheberg. Ich bin so ein Loser. Und und… " Und dann geschieht gar nichts, weil es nicht möglich ist, all die Aufgaben zugleich zu bewältigen, nur einen Teil zu erledigen, aber nicht zur Befriedigung führt.

Hier hilft nur ein striktes Vorgehen. Ihr Vorteil: Die meisten Perfektionisten lieben schriftliche Pläne und saubere Tabellen. Verweisen Sie auf typische Symptome der Erkrankung und verdeutlichen Sie, dass es darauf ankommt, die wenige Energie, die derzeit zur Verfügung steht, clever einzuteilen. Entwerfen Sie etwa einen Plan wie diesen:

| **lebenswichtig** | **wichtig** | **wichtig, nicht dringend** | **schön für mich** | **auch gut abzugeben** | **auch in Zukunft egal** |
|---|---|---|---|---|---|
| Mittagessen | Rechnungen checken | neue Matratze | Hunderunde | Auto waschen | Rasen mähen |
| ... | ... | ... | ... | ... | ... |

Erklären Sie zusätzlich, dass Energie nicht endlos zur Verfügung steht, Motivation und Lust auf mehr aber erst entstehen, wenn die Maschine ins Rollen kommt.

Zur Veranschaulichung nutzen Sie ein Sinnbild. Denken Sie an eine Kinderwaage mit zwei Becherförmigen Waagschalen. Als Symbol für die vorhandenen Energiereserven können Murmeln herhalten. Jede Tätigkeit bedarf eine bestimmten Anzahl von Murmeln, kann aber bei positivem Ausgang Energie spenden. Die Reserven im Murmelbeutel sind jedoch begrenzt. Die Kapazitäten orientieren sich an ihrer psychischen Gesundheit. Morgens haben Sie einen vollen Murmelbeutel, eine leere Aktiv-Schale und eine mit, sagen wir, 6 Murmeln gefüllte Gegenargument-Schale. Die Gegenargument-Schalte entspricht dem Gewicht des inneren Schweinehundes.

| | Murmelbeutel (= Energiereserven) | Aktiv-Schale (= motivierend, geschafft) | Schale mit innerem Schweinehund (= anstrengend, lästig) |
|---|---|---|---|
| morgens | voll (10) | leer | 6 (Depression) |
| Aufstehen | 10-10=0 | 1 Zähneputzen<br>3 anziehen<br>1 Styling<br>2 Betten machen<br>1 Lächeln | 6 (Depression)<br>2 Aufstehen |
| Vormittag | leer | 8-8=0 | 6 (Depression)<br>2 Aufstehen<br>3 Frühstück machen<br>1 essen<br>4 Notar |
| ... | ... | ... | ... |
| Störung | leer | leer | 2 (Anruf) |
| Selfcare | leer | 3 Katze knuddeln<br>1 Eis essen<br>1 Handcreme<br>1 Kaffee kochen<br>3 Lieblingsserie | 8 (Depression)<br>1 Notar (Grübeln) |
| ... | ... | ... | ... |
| Folgetag | 10 | leer | 8 (Depression) |
| Beispiel für ausgeglichenen ersten Schritt bei wenig Reserven | 10-9 = 1 | 1 Lieblingstee im Bett bekommen<br>1 freundliche Worte<br>1 den Lieblingspulli anziehen | 8 (Depression) |

Der innere Schweinehund ist dank der Depression furchtbar fett geworden. Er muss zunächst mit simplen motivierenden Aktivitäten ins Gleichgewicht gebracht werden. Um diese in Angriff nehmen zu können, werden schon 2 Energiepunkte aus dem Murmelbeutel notwendig. Aufstehen ist unangenehm und bestärkt den Schweinehund. Aber: Jetzt haben wir es geschafft, Aktivität kommt ins Rollen und das fühlt sich gut an. Die nächsten Aktionen purzeln als Plus in die Aktivschale. 1 Murmel Zähneputzen, 1 Murmel Styling, 3 Murmeln anziehen, 2 Betten machen und noch eine für das freundliche Lächeln, das wir dem eigenen Spiegelbild schenken, obwohl es so schwer fällt, die

Mundwinkel hoch zu bekommen. Ein erster Ausgleich ist geschaffen. Der Tag kann beginnen.

Von jetzt an können wir die Murmeln aus der Aktivschale nutzen. Energie, die hier landet, ist erneut einsetzbar. Die Selbstüberwindung hat uns also Motivation beschert. Allerdings kommen nun eher unliebsame Aufgaben auf uns zu. Drei Murmeln Frühstück machen (magere Vorräte), eine Murmel essen (schmeckt nicht) und 4 Murmeln für den Anruf vom Notar (gähn). Motivation aufgebraucht.

Je nachdem, wie viel Energie noch im Murmelbeutel ist, kann ich mich nun aus eigenem Antrieb zu weiteren Tätigkeiten aufraffen. Für unseren Musterpatienten herrscht Ebbe. Der Schweinehund sitzt auf möglichen Energiepotenzialen und zieht die Waage damit ins Bodenlose. Was nun? Klar, die Tüte mit den Leckerlies muss her. Heißt, wir müssen den Schweinehund überzeugen, seine Murmeln wieder rauszurücken.

Leckerlies sind Selfcare Aufgaben, die ebenso Priorität haben sollten wie die lebenswichtigen To-do Punkte. Achtsame Pausen, tatsächliche Leckereien, Körperpflege, etwas gestalten oder erschaffen, den echten Hund wahlweise die Katze knuddeln – was auch immer uns gut tut. Auch diese Punkte werden akribisch in der Mustertabelle festgehalten, damit sie sichtbar und damit greifbar zur Verfügung stehen. Sie haben solange Priorität, bis der Schweinehund wieder in Balance ist.

Ein Pluspunkt ist, was sich gut anfühlt. Wird das Yogatraining zur lästigen Pflicht, zählt es als Energieräuber. Folgt auf Entspannung (Pause) keine Anspannung (Aktivität), fühlen wir uns unausgeglichen – kein Pluspunkt. Im Ausgleich kann aber Unterstützung durch andere kurzfristig Energie schenken. Damit verleihen Sie als Helfer quasi eine Murmel.

Aber Vorsicht: Fällt die Selfcare-Phase aus und der verhasste Nachbar ruft direkt nach dem Notar an, ist keine Energie für gerichtete Reaktion vorhanden. Reagieren müssen wir trotzdem. Das Nervensystem kocht also irgendeine Notfallaktion zusammen. (Das ist der Moment, in dem wir zu wüsten Beschimpfungen greifen, nicht rangehen oder zuhören, ohne ein Wort zu verstehen.) Derart räuberische Aktionen erzeugen Negativenergie. Der Schweinehund nimmt weiter zu. Die Depression gewinnt bis auf Weiteres an Gewicht. Der Folgetag wird noch anstrengender.

Bis hierher sind bereits mindestens drei Schlussfolgerungen möglich:

1. Die Energiereserven sind begrenzt.
   Andere Menschen haben andere Grenzen.
   Für mich kann nur meine Grenze als Richtwert dienen.
2. Wir können im Laufe des Tages Energie auffüllen.
   Dafür müssen wir uns unseren Reserven bewusst sein.
   Wir müssen unsere Energiegeber kennen, wenn wir sie gezielt nutzen wollen.
3. Ein optimaler Energiehaushalt ergibt sich, indem Selbstfürsorge und Pflicht in kleinen Schritten kombiniert werden.
   Pausen machen Arbeit erst möglich.
   Selbstfürsorge ist eine Investition in Arbeitsleistung.

Die Menge der Murmeln verändert sich dabei im Verlauf der Genesung. Irgendwann haben wir wieder derart viel Material im Beutel, dass wir den Schweinehund locker ausspielen. Und was passiert? Wir fabrizieren Extreme. Ignorieren wir das possierliche Tierchen, läuft die Waagschale mit der Eigenmotivation über. (Schaffen, schaffen, schaffen…) Überfüttern wir den armen, bettelnden Hund, platzt er aus allen Nähten und wird träge. (Kein Bock-Stimmung). Heißt, ohne Ausgleich haben wir von einem großen Murmel Vorrat gar nichts.

**Wie wachsen die Reserven?** Die Kunst ist es, am Ende des Tages mehr Punkte in der Aktivschale zu haben, als an den Schweinehund verloren gehen. Aktivschale abzüglich Schweinehundpunkte = Ein Plus für den Murmelbeutel am nächsten Tag.

Man kann in die gezeigten Tabellen über ein paar Tage hinweg Energieräuber und Energiegeber eintragen. Es kristallisieren sich die wirklich wichtigen To-Do Punkte heraus. Schädliche Einflüsse können eher losgelassen werden. Hierüber lässt sich im weiteren Verlauf der Tag in eine einfache und unter allen Umständen lebbare Struktur überführen. Nach und nach entsteht ein Notfallplan, der auch in Zukunft an einzelnen schlechten Tagen zur Hand genommen werden kann. Der Patient übt, sein Energieniveau im Auge zu behalten und gewinnt darüber hinaus wieder mehr Standhaftigkeit im Alltag.

## #24 TIPP: 80/20 REGEL EINFÜHREN

Kennen Sie das Pareto-Prinzip oder auch die 80/20 Formel? Kurz gefasst besagt das Prinzip, dass wir in der Regel mit nur 20 Prozent der Ressourcen 80 Prozent des Zieles erreichen.

Konzentrieren wir uns auf die Aspekte einer Aufgabe, die am meisten Nutzen versprechen, kann damit bereits alles erreicht sein.

In der Schule hieß das „Mut zur Lücke". Morgens wird noch schnell das Wesentliche gelernt. Sitzen die Merksätze (20 Prozent der Aufzeichnungen), kann man sich den Rest eventuell denken. 30 Prozent der Aufgaben können über diese Schlussfolgerungen gelöst werden. Macht 50 Prozent Gewinnchance. 50 Prozent ist bestanden.

*80 Prozent einer Aufgabe sind durch gezielte Prioritäten in 20 Prozent der Zeit erreicht.*

Der Clou: Lassen wir uns darauf ein, die übrigen 20 Prozent der Aufgabe einfach wegzulassen, sparen wir 80 Prozent der Zeit, denn in diesen Aufgaben lauern meist die Zeitfresser.

Fühlt man sich also mit Aufgaben überfrachtet, ist eine übersichtliche Todo-Liste Gold wert.

» Alle Aufgaben notieren.
» Die Punkte markieren, die einen schnellen und hohen Gewinn versprechen.
» Die Aufgaben, die eigentlich so gar nicht irgendwohin führen, streichen.
» Was übrig bleibt, nur bei genug Zeit in Angriff nehmen.
» Zusätzlich kurz überlegen, was von diesen Resten überhaupt noch im Limit liegt (Zeit, Geld, Energie, Motivation).Nichts? Auch nicht dringend? Ein Kandidat für die morgige Liste.

Nutzen Sie das Prinzip, um selbst nicht auf der Strecke zu bleiben und erklären Sie es auch Ihrem Angehörigen.

Mit einem depressiven Patienten sind eventuell zunächst ein paar Vereinfachungen notwendig. Sie setzen Prioritäten anhand von Ressourcen und Werten. Besonders soziale Menschen könnten sich zum

Beispiel anders entscheiden als solche, die sich vorzugsweise an beruflichen Erfolgen orientieren.

Beispiel: Ihr Kind wird zu einem Kindergeburtstag eingeladen. Die Feier fällt zeitlich auf ein Zoom-Meeting mit einem Ihrer Kunden. Beides ist gleich wichtig. Ja, wirklich. Zumindest dann, wenn ihr Kind noch klein ist und diese Partys als der soziale Dreh- und Angelpunkt schlechthin gelten. Erkennt Ihr Wertesystem diesen Umstand, investieren Sie Energie in die Organisation der Partyzeit (Wer kann einspringen? Können Sie das Meeting verschieben? Verkürzen?). Sind Ihre Einnahmen für die nächsten Monate von dem Meeting abhängig, fließt die Energie in den Terminerhalt (Vorsichtiges "Vielleicht", Deeskalation, nur naheliegende Helfer werden eingespannt).

All diese Optionen haben Sie sofort auf dem Schirm. Sie wägen innere Werte mit Limits ab, die Sie sich für den Alltag gesetzt haben. (mind. 7 Stunden Schlaf, 3 Stunden Qualitätszeit mit den Kindern, kein Alkohol vor 20 Uhr...) Unter der Depression verschwimmen innere und äußere Forderungen. Es ist nicht möglich, sich für eine Option sicher zu entscheiden. Selbsterhalt ist zunächst immer oberstes Kriterium. Sachliche Fragen: Zeit, Energie. Dann bestenfalls noch schriftlich gesetzte Limits. Eine Notfallliste, die an Dinge erinnern kann wie "Immer vor 8 aufstehen. Nur eine Verabredung am Tag. Drei Mahlzeiten sind Pflicht. Montag, Mittwoch, Samstag duschen."

Zugesagt und angefangen wird immer nur das, was auch am schlechtesten denkbaren Tag möglich wäre. Diese Punkte stehen immer ganz oben auf der Prioritätenliste. Dann erst folgen effektive zusätzliche Punkte.

Überdeutliches Beispiel: Ein Einkauf besteht aus den Teilschritten: Planung, Anfahrt, Suchen, Entscheiden, Auswählen, Zahlen, Transport, Einräumen. Planung, Entscheiden, Auswählen, Transport, Einräumen können auf tausend Arten ausgeführt werden. Der Einkauf bleibt aber ein effektiver Einkauf, wenn ich immer wieder denselben grundlegenden Einkaufszettel nutze, bei den gleichen Marken bleibe, den immer gleich sortierten Supermarkt anfahre, den altbewährten Korb nutze und zuhause nicht feiner sortiere als "Kühlschrank" oder "Speiskammer". Das Ziel "Nahrung beschaffen" ist erreicht. Sparen und Abwechslung sind Zusatzziele. Klar von Bedeutung, aber für das eigentliche Ziel irrelevant.

Zusätzliche Erkenntnis: Wiederholbare Pläne sparen Zeit und Energie.

Stellen Sie gemeinsam mit dem Betroffenen solche Pläne auf. Zweckmäßiges Vorgehen bei Einkäufen, Reinigungsprozessen, Alltagspflichten und Hygiene. Simple Listen, eventuell laminiert, auf jeden Fall leicht auffindbar. Simple Ordnungssysteme. Eventuell merken Sie es auch selbst: dieses Prinzip senkt die Ansprüche. Man fühlt eher Befriedigung. Die Grundliste ist durch, jetzt darf Pause sein. Genau diese Wahrnehmung wollen Sie erreichen.

## Was wirklich zählt

Die Arbeit mit Prioritäten hat für den weiteren Umgang mit der Erkrankung einen entscheidenden Vorteil. Es wird deutlich, was im Alltag wirklich zählt. Mit der Konzentration aufs Wesentliche werden durch Übung und Routine Energien frei. Energien, die ein bewusstes Verlangen nach mehr erlauben.

Es kommt zum Vermissen. Dies geschieht je nach Persönlichkeitsstruktur mal laut und mal leise. Immer jedoch regen sich Gefühle. Liebe erkennen. Sehnsucht spüren. Schmerz über Verluste. Angst vor dem "nie wieder".

All dies sind Emotionen. Wer lange nicht gezielt gefühlt hat, wird nun regelrecht überrannt. Ein weiterer Punkt, der für regelmäßige Rückzugsmomente spricht. Diese Gefühle wollen gesehen werden, wenn sie produktiv weiterhelfen sollen.

Menschen mit kreativen Neigungen oder dem Hang, ihrem Frust verbal Raum zu verschaffen, sind in diesem Moment definitiv im Vorteil. Sie können nun ausdrücken, was ihnen fehlt. Solche Durchbrüche können für Außenstehende herausfordernd sein. Klagen, weinen, schimpfen und sogar Gewaltausbrüche sind denkbar. Bleiben Sie geduldig. Fokussieren Sie Ihre Aufmerksamkeit auf dargestellte oder ausgesprochene Erkenntnisse. Sie können in einem ruhigen Moment darauf zurückkommen. Jetzt darf das Gefühl erst einmal einfach sein.

# #25 TIPP: GRENZEN VORLEBEN

Wer den Tag mit wenig Ressourcen bestreiten muss, ist eher gezwungen, persönliche Grenzen durchzusetzen. Für depressive Patienten ein Dilemma. Oft liegt genau hier ein wesentliches Problem: Eigene Grenzen kennen bzw. verteidigen und fremde Grenzen akzeptieren. Hier spielen Unsicherheiten und negative zwischenmenschliche Erfahrungen mit hinein. Wir wollen gemocht werden. Sperren wir uns den Wünschen anderer, könnten diese sich dadurch schlecht fühlen. Weißt jemand unsere eigenen Wünsche zurück, fühlen wir uns selbst schlecht. Gesellschaftlich geprägt tendieren wir dazu, unangenehme Gefühle zu meiden. Im Ergebnis werden Grenzen gern im Unklaren gelassen. Das wirkt netter. Im Ganzen eine eher kurzsichtige Überlegung.

Grenzen, die ich nicht kommuniziere, werden selbstverständlich übergangen. Der Umgang mit einander ist ohne klare Angaben zu den eigenen Wünschen unnötig kompliziert. Ein "Nein" muss sein. Ebenso sollte jeder offen sagen können, was er gern mag. Auch dann, wenn diese Vorlieben keinen Trends oder Gruppenerwartungen entsprechen. Leben Sie diese Haltung vor. Grenzen müssen nicht durch sture Abwehr gezogen werden. Sie lassen sich zugewandt kommunizieren.

» **Sachlichkeit und Logik** verhelfen zu Akzeptanz. "Ich habe zwischen dem Nachmittagstermin und dem Mittagessen 30 Minuten Freizeit. In diesen 30 Minuten möchte ich mich regenerieren können. Der Nachmittag wird Konzentration erfordern."
» **Entgegenkommen** zeigt Interesse. "Trotzdem würde ich sehr gern mit dir Karten spielen. Wir können uns nach dem Abendessen Zeit zusammen nehmen."
» **Konsequenz** lässt weniger Raum für nachtragende Grübeleien. "Nein" bleibt "Nein". Nur so ist klar, dass es nicht um spontane Vorlieben, sondern bewusstes Zeitmanagement geht.
» **Grenzen bewusst machen**. Wer seine Grenzen verfechten möchte, muss sie kennen. Was mag ich? Was mag ich nicht? Was möchte ich erreichen? Welche Ressourcen stehen mir zur Verfügung? Wie teile ich sie ein?
» **Grenzen anpassen.** Persönliche Grenzen können zu unterschiedlichen Menschen verschieden eng gezogen werden. Wem Sie wie sehr vertrauen, liegt ganz bei Ihnen. Sie müssen und dürfen hier Unterschiede machen. Bremsen Sie jemanden aus, der sich in einen engeren Kreis denkt, ohne dort hinzuge-

hören. Freundlich, aber bestimmt. "Ich verbringe zu Hause nur Zeit mit engen Vertrauten. Wir beide können uns aber gern in einem Restaurant verabreden" "Ich denke, wir stehen uns nicht nah genug, für ein derart persönliches Gespräch."

» **Anderen Grenzen lassen**. Entsprechend sollten natürlich auch andere ihre Grenzen haben dürfen. Es ist ok, bei Unsicherheit zum Vertrauensverhältnis nachzufragen: "Ich teile diese Gedanken gern mit dir, wusste aber bisher nicht, dass du unser Verhältnis als so eng ansiehst." "Es ist ok, wenn du lieber mit deinem Partner darüber sprichst." "Das Problem ist nicht dringend. Ich weiß deine Unterstützung auch zu einem späteren Zeitpunkt zu schätzen." "Falls du noch nicht verplant bist, könnten wir..."

» **Situationen vorbesprechen.** Lassen Sie sich auf Neues ein, sind anfängliche Ängste und Unsicherheiten normal. Sprechen Sie aus, wie weit Sie sich vorstellen können zu gehen und erlauben Sie Ihrem Begleiter, seine Grenzen an anderer Stelle zu setzen. Treffen Sie Absprachen für die Lücken dazwischen. "Ich geh mit dir klettern, komme aber nur bis Schwierigkeitsstufe drei. Willst du einen komplizierten Parcours nutzen, warte ich gern unten oder gehe vor ins Cafe, das ist ok für mich."

» **Die Grenzen beachten, die die Erkrankung steckt.** Die Depression wird die Grenzen des Betroffenen zu seinem Leidwesen etwas verzerren. Wollen Sie ihn unterstützen, ohne sich selbst zu sehr einzuengen, können Sie Kompromisse eingehen und Abbruchbedingungen festlegen. "Es ist kein Problem, wenn du die Feier gern aus einer ruhigen Ecke heraus genießt. Trotzdem möchte ich gern tanzen. Dabei werde ich aber darauf achten, mindestens alle 20 Minuten zurückzukehren. Ist dir die Situation unangenehm, können wir jederzeit gemeinsam gehen. Schreib mir einfach eine kurze Nachricht. Ich spüre das Handy in der Hosentasche."

## SELBSTHILFEMODUS AKTIVIEREN

Hat sich die Erkenntnis um die Erkrankung gesetzt, wird der Betroffene irgendwann beginnen, sich neu zu orientieren. Dies geschieht erwartungsgemäß über Anregungen aus der Therapie oder über Gespräche in Selbsthilfegruppen. Auch wenn hier viel sinnvoller Input kommt, liegt der Hauptteil der Genesungsarbeit doch beim Patienten selbst. Der Transfer des Gelernten in den Alltag erfordert Überwindung und Geduld. Manche Wahrheiten werden weh tun und es wird täglich Rückschläge hageln.

Sie beobachten diese Fortschritte und bestärken den Patienten in seinen Motivationen. Das Schwierigste an dem Job ist die Zurückhaltung. Der Betroffene muss selbst neue Erfahrungen machen und Handlungsoptionen ausprobieren können. Sie nehmen sich fortwährend zurück. Sie können an Vorhaben erinnern und in kritischen Momenten zuhören. Außerdem ermöglichen Sie Lernsituationen und dienen im Alltag als emotionale Stütze. Das ist viel, auch wenn es sich nicht danach anhört.

## #26 Tipp: Zukunftsweisendes Denken unterstützen

Zeigt sich eine stabile Verbesserung, dürfen Sie die düsteren Gedanken des Betroffenen allmählich direkter korrigieren. Beachten Sie aber, dass es in der persönlichen Wahrnehmung kein richtig oder falsch gibt. Es kann nicht berichtigt werden, was ein anderer fühlt. Sie können jedoch zum Weiterdenken anregen.

Serviert der Betroffene Ihnen trostlose Zukunftsaussichten, die er lediglich aus wenigen Informationen schließt, äußern Sie Zweifel! Streuen Sie Informationen. Machen Sie auf blinde Flecken aufmerksam – aber lassen Sie Ihren Gesprächspartner selbst die richtigen Schlüsse ziehen.

Schlagen Sie vor, die Technik des entgegengesetzten Denkens anzuwenden. Was wäre etwa, rein theoretisch, der beste mögliche Ausgang eines Konfliktes oder einer Krisensituation? Regen Sie dazu an, neben dem schlimmsten auch den bestmöglichen Ausgang zu sehen. Die positive Alternative muss kaum realistischer sein als die negative – Ziel ist, beide nebeneinander zu sehen und den Blick für die weite Ebene dazwischen frei zu bekommen.

Neue Dinge ausprobieren wirkt sich ebenfalls anregend auf den Organismus aus. Halten Sie sich bereit und unterstützen Sie entsprechende Bestrebungen, wenn der Betroffene Sie darum bittet. Es muss nicht gleich ein neuer Kontinent entdeckt werden. Vielleicht versuchen Sie es zunächst mit einem neuen Brotrezept oder einem neuartigen Tennisschläger. Versuchen Sie, den Entdeckergeist in Ihrem Gegenüber zu reanimieren.

Ja, Strukturen sind ungemein wichtig und man soll sich an Pläne halten und überhaupt können Überraschungen den Betroffenen überfordern. Aber: Wenn Motivation, Zeit, Wetter und Laune passen, seien Sie spontan. Sie sitzen vor dem Nachmittagskaffee und der Betroffene merkt an, dass die Bäume beschnitten werden müssen. Na dann. Bitteschön. Ihre Frau schlägt nach zwei Monaten Krisenstimmung vor, ins Schwimmbad zu gehen. Was hält sie zurück? Nutzen Sie die positiven Momente aber nicht nur für Spaßaktivitäten. Dies sind klare Augenblicke, in denen Entscheidungen hinterfragt werden können oder wichtige Erledigungen gut von der Hand gehen.

## #27 TIPP: REALITÄTSABGLEICH

Nicht jedes Gespräch bleibt ruhig. Manchmal bricht nach einer ersten Entlastung eine Welle aus Gedanken, Sorgen und Befürchtungen los. Die Situation wirkt klarer – und gleichzeitig überwältigender. Aus einzelnen Problemen wird ein scheinbar unlösbares Gesamtbild. Genau hier ist es entscheidend, nicht gegenzusteuern oder zu relativieren, sondern Struktur hineinzubringen.

## INAS GESCHICHTE TEIL 10

Der Urlaub ist vorbei. Nach einer langen Autofahrt kehrt die Familie zurück. Im Flur wartet ein Stapel mit Post und Zeitschriften. Ina sieht ihn sofort durch. Feuert ihn aber bereits nach dem zweiten geöffneten Brief zurück auf den Tisch. Bevor Erik reagieren kann, hört er schon die Schlafzimmertür mit einem lauten Knall ins Schloss fallen. Erik hebt die Briefe auf. Eine Mahnung - die Bibliothek wartet auf Bücher. Nein! Ein Schreiben von Inas Chefin. Der befristete Arbeitsvertrag wird nicht verlängert. Na vielen Dank auch. Er wird wütend, kann jetzt aber nichts tun.

Gut, dass die Kinder bereits während der Fahrt eingeschlafen sind. Behutsam trägt er eines nach dem anderen ins Bett. Überwindet sich die Taschen auszuräumen und setzt Tee auf. Ina liebt das Zeug. Der Plan geht auf. Sie setzt sich zu ihm an den Küchentisch. Er sucht Tassen und Kandis zusammen, findet sogar Kekse. Die Worte brennen in seiner Kehle, aber er weiß, dass er ihr Zeit geben muss. Ina schweigt, nimmt sich aber Tee und Kekse. Dann fließen die Tränen. "Ich bin verdammt nochmal arbeitslos! Mutter mit drei Kindern - ich habe komplett verloren!" Sie redet und redet. Am Ende spricht sie davon, das Haus zu verkaufen. Erik kommt nicht zu Wort. Ein bisschen ist er froh darüber. Ihm fällt nichts ein, was sofort helfen würde.

Jetzt sieht der Patient also klar. Natürlich können sich Lösungen auftun. Selbstverständlich kann Erleichterung eintreten. Die echten Probleme werden aber nicht verschwinden. Vielleicht sind sie sogar gewachsen. Zu viel Realität ist nicht immer angenehm.

Theoretisch wird sich langsam genug Energie finden, um das Chaos zu ordnen. Praktisch neigen depressive Patienten immer etwas zum Katastrophisieren.

**Überblick verschaffen.** Viele Probleme, die sich gegenseitig verstärken, ergeben noch mehr Potential für fantasiereiche Übertreibungen. Hier hilft erstmal nur Sortieren. Hören Sie sich die Sorgen des Betroffenen an. Erst ganz ausführlich mit allen Bedenken. Dann schlagen Sie vor, Problem für Problem knapp formuliert aufzuschreiben. Ein sachlicher Stichpunkt. Nur greifbare, aktuelle Tatsachen. Allein die Herausforderung, knapp zu formulieren, bricht das Szenario bereits auf ein erträgliches Maß herunter.

**Prüfen.** Schauen Sie sich dann gemeinsam Punkt für Punkt an. Wo lauern echte Katastrophen? Die kann es schließlich durchaus geben. Trennung? Jobverlust? Welche handfesten Beweise sprechen dafür, dass hier eine echte Bedrohung vorliegt? Kann eine zweite Meinung eingeholt werden? Den Partner könnte man um seine Sicht auf die Beziehung bitten. Der Chef hat eventuell bereits abgemahnt. Bestehen Fristen? Rechte, die ich einfordern kann?

**Lösungen suchen**. Für jedes Problem können mögliche Lösungen skizziert werden. Zunächst sollten Sie allerdings nur offensichtlich dringende Fragen in Angriff nehmen.

**Aufgaben in Teilschritte zerlegen.** Schlüsseln Sie die drei gröbsten Probleme in Unterpunkte auf. Teilen Sie den Lösungsweg in Teilschritte ein und prüfen Sie, ob diese jeweils mit Fristen verbunden sind.

> *Schaffen Sie gemeinsam Überblick, lassen Sie den Betroffenen seine Probleme jedoch selbstständig lösen.*

## Deeskalationshilfe für später

Konnten Sie eine Befürchtung widerlegen? Halten Sie die Argumentation fest. Schreiben Sie die Gegenargumente gut lesbar auf Karteikarten. Sollten die Grübeleien den Betroffenen erneut in dieselbe Sackgasse führen, kann er sich die Worte selbst vor Augen führen.

# #28 TIPP: ANSPRÜCHE NUTZEN

Auch wenn wir uns alle baldige Besserung für den Betroffenen wünschen, dürfen wir die Möglichkeit nicht außer Acht lassen, dass die Erkrankung sein Leben langfristig beeinflussen kann.

## Wer kann in extremen Fällen helfen?

Zunächst können Sie immer die Beratungsstellen der Kliniken oder wohltätigen Vereine in Anspruch nehmen. Auch Selbsthilfegruppen beraten Angehörige hinsichtlich möglicher Unterstützungsmaßnahmen.

Setzen sich längere Ausfallzeiten oder gar Arbeitsunfähigkeit ab, kann das Jobcenter der richtige Ansprechpartner sein. Hier erfahren Betroffene, welche Bezüge ihnen entsprechend ihrer Lebenssituation zustehen und welche Anträge notwendig werden. Zusätzlich können Gutachten angeregt werden, die die weitere Suche nach einem Arbeitsplatz erleichtern.

*Weiterführende Hinweise zum Thema Pflegegrade finden Sie beispielsweise über die Krankenkasse oder auf den Seiten der Deutschen Depressionshilfe.*

## Pflegegrad und Pflegegeld

Ist über längere Zeit keine Selbstständigkeit zu erwarten, können Sie als naher Angehöriger die Einschätzung einer Pflegestufe bewirken. Welcher Pflegegrad dem Zustand des Betroffenen entspricht, ist schwer vorherzusagen. Es wird eine Begutachtung geben, die anhand von Beobachtungen und Aussagen die Pflegebedürftigkeit festlegt. Allerdings können Sie bereits ab der ersten Pflegestufe günstiger auf Unterstützungen wie Haushaltshilfen zugreifen, was eine enorme Erleichterung für Sie als Pflegenden bedeutet.

### Grad der Behinderung

Erleichterungen können auch über die Beantragung einer Einstufung des Grad der Behinderung (GdB) erreicht werden. Chronische Depression ist eine seelische Behinderung. Mit dem entsprechenden Beleg sind z. T. Nachteilsausgleiche nach dem Sozialgesetzbuch (wichtig z.B. für Studenten) und berufliche Anpassungen möglich.

## #29 TIPP: ZIELE REAKTIVIEREN

Mit der neu gewonnenen Sicherheit rücken vergessene Lebensziele wieder in greifbare Nähe.

Aber: Ist ein Weitermachen wie bisher tatsächlich der richtige Weg?

Helfen Sie, den Wiedereinstieg in den Alltag zu analysieren. Welche sind wünschenswerte Ziele, welche nicht? Für diese Überlegungen ist das Wissen um persönliche Stressoren absolut hilfreich. Welche Dinge, Aufgaben oder Umstände bringen den Betroffenen übermäßig schnell an seine Grenzen? Welche Aktivitäten tragen ihn über schwierige Zeiten?

### Erwartungen prüfen

Bevor der Alltag wieder ins Rollen kommt, sollte klar sein, was wirklich wichtig ist. Was will ich und warum? Wie erreiche ich diese Ziele und wie erhalte ich mir daneben Zeit für weitere Belange? In all diesen Bereichen können Anpassungen notwendig sein, die wunderbar mit einem Neustart nach der Erkrankung verbunden werden können.

Manchmal hilft bereits ein lockeres Gespräch, wenn es darum geht, falsche Erwartungen aufzudecken. Es wirkt ganz natürlich, wenn Sie sich erkundigen, warum Ihre Freundin sich für genau dieses Studium entschieden hat. Sie können auch Ihren Vater fragen, was ihn an seinem Job reizt oder Ihre Frau, ob sie wirklich gern "nur" Mutter ist.

Lässt sich Ihr Gegenüber auf das Gespräch ein, können Sie weiterfragen, ob bisher die Erwartungen an dieses Ziel erfüllt werden konnten. Ist es so, wie du dir erhofft hattest? Wenn ja, schauen Sie gemeinsam, wie sich der Weg weiter verfolgen lässt. Kein Ziel ist nur auf einem festgelegten Weg erreichbar. Vielleicht muss lediglich die Route neu berechnet werden.

Wurde die Erwartungshaltung in der Vergangenheit enttäuscht, passt eventuell das Ziel nicht zu den eigenen Vorstellungen. Wer etwa gedacht hat, als Kinderkrankenschwester Kinder beim Wachsen unterstützen zu dürfen, wäre eventuell als Erzieher besser dran gewesen. Vielleicht ist ein Umdenken notwendig?

Nicht immer muss dafür die gesamte Lebensplanung über den Haufen geworfen werden. Stellt die begeisterte Vollzeitmama fest, dass ihr etwas fehlt, muss es nicht der Vollzeitjob sein. Es ist eventuell nur ein Aspekt der ehemaligen Tätigkeit. Die abwechslungsreichen Gespräche in der Gastronomie. Das gute Gefühl, politisch etwas zu bewegen. Die Genugtuung, etwas mit den eigenen Händen geschaffen zu haben. Lässt sich dieser Aspekt in einer Teilzeittätigkeit oder einem Ehrenamt ausleben? Eventuell ist so eine bessere Vereinbarkeit beider Wünsche gegeben.

Muss etwas neu gelernt werden, damit ein altes Ziel erreicht werden kann? Etwas, das bisher übersehen wurde? Dann könnte zunächst eine Fortbildung besucht werden, bevor der Betroffene wieder durchstartet.

Sprechen Sie auch Misserfolge an. Nicht selten befeuern berufliche Katastrophen die Erkrankung. Was ist geschehen? Lag es wirklich an den Fähigkeiten des Betroffenen oder war es einfach nur Pech? Gibt es Gegenbeweise – positive Rückmeldungen aus älteren Projekten, die dem Betroffenen zeigen, dass er sein Handwerk beherrscht? Beleuchten Sie diese Punkte gemeinsam, bevor Sie eine komplette Neuorientierung unterstützen.

# #30 TIPP: AKTIVITÄT ALS ANTIDEPRESSIVUM

Es gibt immer Dinge, die einem leichter von der Hand gehen als andere. Sei es aus der jahrelangen Übung heraus oder schlicht aus persönlichem Interesse. Wissen Sie von solch einer Betätigung? Hat sich Ihr Mann früher auf den Abendspaziergang mit dem Hund gefreut oder könnte Ihre Mutter an normalen Tagen stundenlang im Garten graben, ohne auch nur das geringste Anzeichen von Müdigkeit zu erleben?

Versuchen Sie, die Erinnerung an solche Hobbys und Vorlieben zu wecken. Regen Sie an, daraus feste Routinen zu entwickeln. Unumstößliche To-Do-Punkte im Kalender. Ist die Krankheit überwunden, sollten diese Termine zwingend erhalten bleiben. Der Überwindungswiderstand ist für derart positive Routinen recht gering. In der Regel gelingt es uns sogar an schlechten Tagen, uns aufzuraffen und am Ball zu bleiben.

Lässt sich eine Vorliebe mit Vereinsangeboten oder sonstigen Gemeinschaftsaktivitäten koppeln, werden sofort mit wenig Mehraufwand weitere Faktoren erfüllt, die dem Rückfall in die Depression aktiv vorbeugen. (Austausch, Verbindlichkeit, Bewegung, Sinn, Abwechslung...)

## Vermeiden hinterfragen

Beobachten Sie aber auch, ob es gegenteilige Situationen gibt. Meidet der Betroffene bestimmte Orte oder Menschen? In manchen Fällen wird dies ok sein. Bestimmte Orte und Personen jedoch sind für einen reibungslosen Alltag unumgänglich. Fährt Ihre Mutter selbst für eine Packung Eier in den 50 km entfernten Supermarkt? Geht Ihr Mann auf keine Familienfeier, die gleichzeitig von seinem Bruder besucht wird? Verlässt Ihre Freundin bei Regen generell nicht das Haus?

Solche Marotten sind nicht nur einschränkend und stressig, sie haben auch Gründe. Gründe, die im Kopf des Betroffenen nach wie vor Achterbahn fahren. Sprechen Sie solche Beobachtungen an – bleibt die zugrundeliegende Situation ungesehen, kann dieses Verhalten erneut depressive Symptome auslösen.

## #31 TIPP: DER WELT CHANCEN LASSEN

Jetzt gilt ihr Angehöriger als angemessen behandelt und verhält sich dennoch gravierend melancholisch? Auch so kann es kommen. Jeder Mensch ist in sich einzigartig und manche von uns mögen es ein wenig düster. Bevor Sie skeptisch werden, fragen Sie sich (und andere im Umfeld des Betroffenen), wie seine Grundstimmung zu früheren Zeiten aussah. Fragen Sie auch den Betroffenen konkret, wie es ihm damit geht. Vielleicht liegt an diesem Punkt einfach sein "normal".

Nicht jeder Mensch läuft als ausgeglichener Sonnenschein durch die Gegend. Das wäre auch absolut unrealistisch. Die Welt ist nicht perfekt. Sie wird es auch nie sein. Wäre sie es, würden wir uns wahrscheinlich herzlich langweilen. Daily Soaps reihen nicht umsonst eine private Katastrophe an die andere. Ein wenig Drama hält uns am Laufen. Das ist ok.

Es kommt darauf an, der Welt dennoch eine Chance zu geben. Den nervigen Nachbarn und ätzend vollen Bussen nicht den Rücken zuzudrehen, sondern weiter das Gespräch suchen und trotzdem seinem Bestreben, die Umwelt zu schonen, folgen. Im Bus sitzen zwischen den übermütigen Schülern auch ein paar Leidensgenossen, die eigentlich ganz nett sind. Die Frau des Angernachbars backt die besten Muffins der Welt. Es lohnt sich, über den ersten Eindruck hinweg zu sehen.

*Helfen Sie dem Betroffenen, die Mitte zwischen Aushalten und Aufgeschlossenheit zu finden. Es ist in vielen Dingen wie beim Essen: Meckern darf nur, wer selbst probiert hat.*

# AN DIE ZUKUNFT DENKEN

Letztendlich sollte ein konkreter Plan auf dem Tisch liegen. Wohnung, Beziehung, Freundeskreis, Hobbys, Beruf. Sind die Erwartungen an alle Lebensbereiche greifbar definiert, hat das Leben einen Rahmen, an dem man sich festhalten kann.

## #32 TIPP: DAS GUTE LEBEN VISUALISIEREN

Perfekt ist es, wenn dieser Rahmen tatsächlich in irgendeiner Form visualisiert werden kann. Etwa in Form eines Vision Boards. Allerdings macht es für Ihren Angehörigen Sinn, nicht nur darzustellen, was er gern hätte, sondern auch, was er schon hat. Die Standards für ein erfülltes Leben müssen nicht außerordentlich hoch hängen. Was wir schon haben, wird oft übersehen.

Vielleicht setzen Sie sich gemeinsam an einen großen Tisch und halten jeder für sich Ihren Rahmen für ein gutes Leben fest. Es können Fotos der lieben Familie, die Sie schon haben neben Zeichnungen von dem Haus kleben, das Sie gern hätten. Pinnen Sie die Visitenkarten Ihrer Lieblingskollegen neben einen Flyer des Fortbildungsangebotes, für das Sie sich jüngst entschieden haben.

> *Zu so einem Plan kann man immer mal wieder zurückkehren. Er erlaubt es, Fortschritte hinzuzufügen und sich selbst bei Unzufriedenheit auf den Boden der Tatsachen zurückzuholen.*

Ist der Bestand zusammengefasst, werden Nägel mit Köpfen gemacht.

Es ist auch richtig und realistisch, wenn man zugeben muss, dass eine gewöhnliche Erwerbsfähigkeit bis auf Weiteres nicht mehr denkbar ist. Alte Ziele loslassen erfordert Kraft. Spenden Sie in solchen Situationen Halt und ermuntern Sie zu einem produktiven Umgang mit der Situation. Wer nicht arbeitet, kann dennoch Teil der Gesellschaft sein und etwas Gutes zurücklassen. Hobbygruppen, Vereine, Ehrenämter leben von Menschen, die aus dem regulären Berufsleben zurücktreten mussten. Hier werden Interessierte gebraucht. Was ist mit Enkeln, Neffen, Nichten? Könnte der Betroffene sich hier stark machen? Nachhilfeunterricht? Hundesitter? Die Gesellschaft profitiert von Menschen, die anderen den Alltag erleichtern. Auch hier kann es weitergehen.

## #33 TIPP: WACHSAM BLEIBEN

Zu guter Letzt soll der wiederkehrende Charakter der Erkrankung noch einmal angesprochen werden. Es kann bei dieser einen Episode bleiben, muss es aber nicht.

Wiederholt sich die Geschichte, sind Sie vorbereitet.

» Schreiben Sie sich irgendwohin, was Sie auf die Erkrankung aufmerksam gemacht.
» Welche Beobachtungen haben Sie genauer hinsehen lassen?
» Was hat dem Betroffenen gut geholfen?

Eventuell können Sie dieses Wissen einsetzen, um eine zweite Episode leichter zu erkennen und einfacher abzuwenden.

*Sprechen Sie außerdem mit dem Betroffenen darüber, welche Präventivmaßnahmen er sich überlegt hat.*

» Wie sorgt er in Zukunft für sich selbst?
» Welche Alarmsignale hat er selbst ausgearbeitet?
» Was wünscht er sich von Ihnen? Spezielle Hinweise? Unterstützung in kritischen Situationen? Festhalten an gemeinsamen Routinen?

Dies ist außerdem der Moment, in dem Sie für die Zukunft Patientenverfügungen und Vollmachten ausstellen können, wenn Sie sie jetzt noch nicht gebraucht haben. Klären Sie alle Punkte ab, die für Sie mit großer Unsicherheit verbunden waren. Jetzt kann die Erkrankungsphase reflektiert werden. Jetzt weiß der Patient, was die Symptome mit ihm machen und welche Behandlungsmaßnahmen er auf keinen Fall so wiedererleben will. Sie sind beide informiert und können sich ein gemeinsames Fundament für die Zukunft aufbauen. Bereiten

Sie sich vor! Wenn Sie diese Pläne niemals benötigen, umso besser. Wenn doch, kann dem Betroffenen durch gute Absprachen zukünftig viel Leid erspart bleiben. Nutzen Sie diese Chance!

## INAS GESCHICHTE TEIL 11

Ina und Erik konnten das Arbeitsverhältnis zunächst retten. Die Vertragsunterlagen enthielten eine Klausel zu veränderten Beschäftigungsansprüchen bei Elternschaft. Das Verhalten ihrer Chefin hatte Ina jedoch zu denken gegeben. Heute genießt sie die Zeit mit ihren Kindern viel ausgiebiger. Sie hat den Arbeitsplatz gewechselt. Der Verdienst fällt geringer aus, inhaltlich kann sie sich aber mehr einbringen als zuvor. Der neue Job kam mit neuen Bekanntschaften. Die jüngeren Kollegen tun Ina gut. Familie ist hier kein exotisches Extra. Man spricht sich ab. Sie hat jemanden gefunden, der mit ihr klettern geht. Erik hat Höhenangst. Für ihn verzichtete sie über Jahre auf ihr liebstes Hobby.

Die beiden sind eng zusammengewachsen, lassen sich aber nun mehr Raum. Erik hat sich die Garage ausgebaut. Wird ihm der Alltag zu viel, zieht er sich zum Schrauben zurück. Eine feste Haushaltshilfe sorgt dafür, dass beide genug Zeit füreinander, für die Familie und auch für sich selbst finden. Es war ein langer Weg, bis sie sich diese Ideale erarbeiten konnten. Ina ging es zunächst gut. Der Jobwechsel hat sie jedoch durcheinandergebracht. Gut, dass die neuen Kollegen Bescheid wussten.

Mit Unterstützung von allen Seiten war sie bereits nach zwei Monaten wieder fit. Manchmal fürchtet sie die Zukunft. Manchmal tun sich alte Gräben auf. Die Angst vor der Dunkelheit jedoch ist fort. Sie weiß, wie sie mit ihren Dämonen zu sprechen hat. Und manchmal, im Winter, hat sie sogar Spaß daran, ein wenig in den Abgrund zu blicken und dann gemütlich in den Alltag zurückzukehren. Sie weiß, dass sie nicht fallen wird. Sie hat ihren Anker gefunden.

# ÜBER DIE AUTORIN

Die Autorin hatte selbst das Glück, im engen Kontakt mit Großeltern und Urgroßeltern aufzuwachsen. Die bunte Mischung aus unterschiedlichen Lebensentwürfen wird wohl mitverantwortlich sein für ihr bis heute anhaltendes Interesse an der Frage, wie Menschen werden, was sie sind.

Als ausgebildete Kunsttherapeutin beschäftigt sie sich bevorzugt mit psychologischen Themen und Fragestellungen zur achtsamen Lebensführung.

Ihre lyrischen Bestrebungen wurden 2013 mit dem Maike-Schneider-Literaturpreis ausgezeichnet. Inzwischen schreibt die angehende Fachjournalistin regelmäßig für diverse Online-Magazine, entwickelt Textprojekte für und über Kinder und hin und wieder das ein oder andere Sachbuch.

Zahlreiche kreative Hobbys versorgen sie mit immer neuen Projektideen. In ihrer Freizeit ist sie mit ihrer eigenen kleinen Familie gern naturnah unterwegs. Ein Leben ohne Haustiere und Grün zwischen den Fingerspitzen ist für sie kaum vorstellbar. Was nicht bedeuten soll, dass Laptop, Internet und heiße Vollbäder in irgendeiner Form verzichtbar wären...

# QUELLEN-VERZEICHNIS


[1] Falkai, P., Laux, G., Deister, A. & Möller, H. (2021). Duale Reihe Psychiatrie, Psychosomatik und Psychotherapie (7.Auflage).S.99

[2] DGPPN, BÄK, KBV, AWMF, Schneider, F., Härter, M., Jansen, A., Kriston, L., Leucht, S., Berger, M., Nothacker, M., Khan, C., Schorr, S. & Schaefer, C. (2017). S3-Leitlinie/Nationale VersorgungsLeitlinie Unipolare Depression Kurzfassung. In S3-Leitlinie/Nationale VersorgungsLeitlinie Unipolare Depression [Report]

[3] Faßbinder, E., Klein, J. P., Sipos, V. & Schweiger, U. (2015). Therapie-Tools Depression: Mit E-Book inside und Arbeitsmaterial. Beltz.S.62

[4] Falkai, P., Laux, G., Deister, A., Möller, H. & Adorjan, K. (2021). Duale Reihe Psychiatrie, Psychosomatik und Psychotherapie (7. Auflage). Thieme.S.100

[5] vfp.de. (o. D.). Depressionen: Unterstützung durch einen gesunden Lebensstil und orthomolekulare Substanzen – Verband Freier Psychotherapeuten, Heilpraktiker für Psychotherapie und Psychologischer Berater e.V. - VFP. Abgerufen am 7. April 2026

[6] Awe: The Transformative Power of Everyday Wonder" von Prof. Dacher Keltner bei Penguin Books

[7] Gottman-Konstante. (2025).Abgerufen am 7. April 2026, von https://lexikon.stangl.eu/16521/gottman-konstante

[8] Wut und Ärger sind ein schlechtes Zeichen. (2013, November).

aerztezeitung.de. Abgerufen am 7. April 2026, von https://www.aerztezeitung.de/Medizin/Wut-und-Aerger-sind-ein-schlechtes-Zeichen-269275.html

[9] Barmer. (o. D.). Depression bei Männern: Symptome & Hilfe I BARMER. © BARMER 2026. Alle Rechte Vorbehalten. Abgerufen am 7. April 2026, von https://www.barmer.de/gesundheit-verstehen/psyche/depression/depression-bei-maennern-1264068

[10] Alloway, T. P., PhD. (2022, 20. Januar). National Hugging Day is January 21. Psychology Today. https://www.psychologytoday.com/us/blog/keep-it-in-mind/202201/what-20-seconds-hugging-can-do-you

# LITERATUR-VERZEICHNIS


Dilling, H., Mombour, W. und Schmidt, M. H. (2015). Internationale Klassifikation psychischer Störungen: ICD-10 Kapitel V (F) - Klinisch-diagnostische Leitlinien (10., überarbeitete Auflage). Hogrefe.

Götsch, K. (Hrsg.). (2011). Allgemeine und Spezielle Krankheitslehre: Ergotherapie Prüfungswissen (2. Auflage). Thieme.

Falkai, P., Laux, G., Deister, A., Möller, H. und Adorjan, K. (2021). Duale Reihe Psychiatrie, Psychosomatik und Psychotherapie (7. Auflage). Thieme.

Migge, B. (2018). *Handbuch Coaching und Beratung* (4. Auflage). Beltz.

Faßbinder, E., Klein, J. P., Sipos, V. und Schweiger, U. (2025). Therapie-Tools Depression (2. Auflage). Beltz.

# URHEBERRECHT



# HAFTUNGSAUSSCHLUSS

Die im Buch bereitgestellten Inhalte und Informationen dienen keinesfalls als Ersatz für professionelle medizinische oder therapeutische Beratung und Behandlung. Jeder Leser ist selbst für sein Wohlergehen und seine Gesundheitsentscheidungen verantwortlich. Bei Bedarf sollte professionelle Hilfe in Anspruch genommen werden. Die in diesem Buch präsentierten Ratschläge und Informationen dürfen nicht als Basis für gesundheitsrelevante Entscheidungen verwendet werden.

Die Anwendung der in diesem Buch vorgestellten Methoden und Konzepte geschieht auf eigene Gefahr. Der Autor übernimmt keine Haftung für mögliche negative Folgen. Jegliche Ansprüche auf Schadensersatz, gleich ob materiell oder ideell, aufgrund der Nutzung oder Nichtnutzung der bereitgestellten Informationen bzw. durch die Nutzung fehlerhafter oder unvollständiger Informationen, sind grundsätzlich ausgeschlossen.

Obwohl das Buch mit großer Sorgfalt und nach bestem Wissen erstellt wurde, übernimmt der Autor keine Gewähr für Aktualität, Vollständigkeit und Richtigkeit der Informationen. Druckfehler und Falschinformationen können nicht vollständig ausgeschlossen werden. Der Autor kann keine rechtliche Verantwortung oder Haftung für fehlerhafte Angaben übernehmen.

# IMPRESSUM

Deutschsprachige Erstausgabe April 2026


Imo publishing

Lisette Gunkel wird vertreten durch
Neo Libri Media Solutions Ltd.
Anthipolochagou Georgiou M. Savva 26
Shop 1-2
8201 Geroskipou
Paphos
Republic of Cyprus

**Sie haben Fragen? Schreiben Sie uns eine Mail an kontakt@lmo-ltd.de**

Covergestaltung: Wolkenart - Marie-Katharina Becker, www.wolkenart.com
Satz: Imo ltd.
Lektorat und Korrektorat: https://app.lektorat.ai/
1. Auflage

ISBN: 978-9925-8310-3-6

Dieses Buch wurde in Übereinstimmung mit den GPSR-Richtlinien der EU zur Sicherheit von Produkten erstellt.

Die Verordnung über die allgemeine Produktsicherheit ist der aktualisierte Rahmen der Europäischen Union, um sicherzustellen, dass alle Verbraucherprodukte, einschließlich Bücher, für Verbraucher sicher sind.

Dieses Buch wurde von CPI books GmbH gedruckt. Der Drucker hat Sicherheitszertifikate für die verwendeten Materialien wie Tinte, Papier und Kleber ausgestellt.

Die Produktkennung ist: 9789925831036

Der Autor ist für den Inhalt des Buches verantwortlich und hat das Buch von Bookmundo produzieren lassen.

Sollten Sie Fragen zur Sicherheit des Produkts haben, kontaktieren Sie uns bitte.

Bookmundo
Delftsestraat 33
3013AE Rotterdam
Die Niederlande
info@bookmundo.com

FSC
www.fsc.org
MIX
Papier | Fördert
gute Waldnutzung
FSC® C083411

Kolibri 360 GmbH
Ferdinand-Jühlke-Straße 7
99095 Erfurt, Deutschland
produktsicherheit@kolibri360.de